ARNDT SPIETH

Kreuz und quer durch Freiburg

ARNDT SPIETH

Kreuz und quer durch

FREIBURG

> Die schönsten Stadtwanderungen

Arndt Spieth, Jahrgang 1962, studierte in Tübingen
und Durham Diplom-Geographie mit Botanik und
Geologie. Er lebt und arbeitet als freier Autor in Tübingen. Für seine Bücher fotografiert er auch selbst – mit
Hingabe und Begeisterung.

© 2019 by Silberburg-Verlag GmbH,
Schweickhardtstraße 5a, D-72072 Tübingen.
Alle Rechte vorbehalten.

Umschlaggestaltung: Anette Wenzel, Tübingen
unter Verwendung einer Fotografie von Arndt Spieth.
Satz: Silke Schüler, München.
Lektorat: Michael Kohler, Karlsruhe.

Bildnachweis: Fotos auf Seite 11, 15, 16: gemeinfrei.
Alle anderen Bilder stammen vom Autor.
Kartographie: Heidi Schmalfuß, München.

Printed in Italy by Printer Trento S. r. l.

ISBN 978-3-8425-2130-8

Ihre Meinung ist wichtig für unsere Verlagsarbeit.
Senden Sie uns Ihre Kritik und Anregungen an
meinung@silberburg.de

Besuchen Sie uns im Internet und entdecken
Sie die Vielfalt unseres Verlagsprogramms:
www.silberburg.de

Inhalt

Freiburg entdecken und erleben

Fragt man die Deutschen, würden viele am liebsten in Freiburg leben. Die südlichste deutsche Großstadt begeistert durch ihr buntes Flair und ihre quirlige Lebendigkeit. Viele, die hierherkommen, wollen auch hier bleiben. Freiburg verbindet auf wunderbare Weise kleinstädtische Behaglichkeit und badisches Savoir-vivre mit großstädtischem Kulturangebot und weltoffener Atmosphäre – und das Ganze wird dazu noch garniert mit ökologischer Nachhaltigkeit. Auch architektonisch bietet Freiburg eine

Menge: Neben den historischen Bauten in der Altstadt ist die Stadt auch ein Zentrum des Jugendstils und Mekka für Kunstinteressierte und wer durch Freiburg schlendert, entdeckt überall imponierende Baukunst aus unterschiedlichsten Epochen. Die Metropole im Breisgau verfügt darüber hinaus über eine erstklassige Gastronomie und ein breites kulturelles Angebot. Ihre Lage im Dreiländereck in unmittelbarer Nachbarschaft zu Frankreich, der Schweiz und dem Schwarzwald ist ein weiterer großer Pluspunkt und trägt zur hohen Lebensqualität bei. Die Ausläufer des Schwarzwaldes reichen bis in die Innenstadt und grüne Paradiese schaffen so an vielen Stellen herrliche Aussichtspunkte.

In der City gehen Wohnbebauung und Natur an vielen Stellen eine wunderbare Symbiose ein. Lauschige Stadtgärten, grüne Fassaden und Dächer und nicht zuletzt die überall munter plätschernden »Bächle« schaffen die Voraussetzungen für ein angenehmes Wohnen oder einen erholsamen Stadturlaub.

■ **Freiburgs neue Mitte: Platz der Alten Synagoge**

■ **Wichtige Verbindung nach Westen: Wiwilibrücke**

Das Klima im Oberrheintal ist ausgesprochen mild, im Hochsommer auch heiß. Durch den von Osten her durchs Dreisamtal abends »einbrausenden« Kaltluftstrom »Höllentäler« sinken im Sommer die Temperaturen nachts angenehm ab. In den letzten Jahrzehnten hat sich Freiburg außerdem zur deutschen Ökohauptstadt gemausert. Immer wieder entstehen neue kreative Gebäude und experimentelle Wohnquartiere mit richtungsweisender Technologie.

Mit diesem Stadtführer erkunden wir diese exzentrische Großstadt intensiv per pedes. Wir wandern durch die schönsten Jugendstilquartiere und spannendsten Ökosiedlungen, spazieren durch herrliche Parks, enge Altstadtgassen, Industrieviertel oder Schwarz-

waldtälchen und streifen durch die coolsten Szene- und mondänsten Villenviertel. Es ist für jeden etwas dabei, denn die Szenerie wechselt hier oft ganz plötzlich und um die nächste Ecke lauert schon das nächste Highlight. Langeweile ist hier Fehlanzeige! Entdecken macht durstig und belebt den Gaumen – und wenn möglich sind gute Lokale und kuschelige Cafés entlang der Route eingeplant. Ich selbst wandere immer wieder gerne auf unterschiedlichsten Pfaden durch die Dreisam-Metropole und viele meiner Lieblingsorte habe ich in dieses Buch eingearbeitet. Wer die facettenreiche Stadt einmal erlebt hat, den zieht es immer wieder hierher …

Arndt Spieth

Kurze Stadtgeschichte

Von der Stadtgründung bis zum Dreißigjährigen Krieg

Die Geschichte Freiburgs gewinnt an Fahrt, als 1091 Zähringer Herzog Bertold II. auf dem heutigen Schlossberg sein Schloss bauen lässt und am Kreuzungsknoten zweier wichtiger Handelsstraßen die Siedlung »Friburch« gründet. Sein Sohn Konrad verleiht ihr 1120 das Markt- und Stadtrecht.

Die Stadt wird durch die perfekte Lage an den Handelsstraßen und nahen Silberminen am Schauinsland reich, was immer mehr Menschen in die Stadt lockt. Knapp 80 Jahre später veranlasst der letzte Herzog von Zähringen, Bertold V., den Baubeginn des heutigen Münsters.

Nach dem Tod des letzten Zähringers übernehmen 1218 die eng verwandten Grafen von Urach die Herr-

■ **Gerichtslaube: erstes Rathaus und Ort des Reichstags**

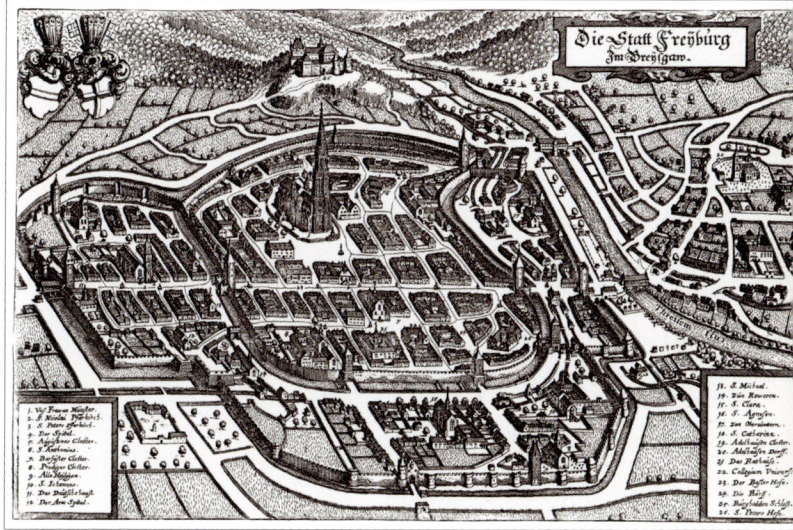

■ **Freiburg im Jahre 1644, Stich von Matthäus Merian**

schaft und nennen sich fortan Grafen von Freiburg.

Im Jahre 1235 lehrt der bedeutende Kirchenlehrer Albertus Magnus in Freiburg. 24 Jahre später wird die Hosanna, die älteste noch existierende Münsterglocke, gegossen. Nach kriegsähnlichen Querelen mit den verschwendungssüchtigen Freiburger Grafen, bei denen die tobenden Untertanen das Schloss schließlich völlig demolieren, ist das Verhältnis zwischen den Herren und der Stadt zerrüttet. 1368 kauft sich die Freiburger Bürgerschaft von der Herrschaft des ungeliebten Egino III. frei und unterstellt sich dem Schutz der Habsburger.

In der Schlacht von Sempach siegen die Schweizer Eidgenossen 1386 gegen den österreichischen Herzog und töten dabei einen Großteil des Freiburger Adels. Daraufhin übernehmen die Zünfte das Regiment.

Im Jahre 1417 verhilft Herzog Friedrich IV. von Habsburg dem auf dem Konzil von Konstanz abgesetzten Papst Johannes XXIII. (Gegenpapst) zur Flucht nach Freiburg. Johannes wird jedoch festgenommen und König Sigismund verhängt daraufhin die Reichsacht über die Habsburger. Freiburg und der Breisgau fallen an das Reich und kommen erst nach Aufhebung der Acht 1427 wieder zurück an Habsburg. Drei Jahre zuvor haben die Freiburger ein Stadtverbot für Juden verhängt, und erst ab 1809 dürfen Juden in der Stadt wieder Handel treiben. 1457 stiftet Erzherzog Albrecht IV. die Freiburger Universität.

1497/98 tagt in der Gerichtslaube der Reichstag unter Kaiser Maximilian I. zusammen mit den Reichsfürsten und Adeligen aus ganz Europa.

Im gleichen Jahr beginnen am Oberrhein mit der Bundschuh-Bewegung die Bauernkriege, doch der Aufstand bei Freiburg unter Joß Fritz wird verraten. 1513 wehren die Freiburger einen Angriff der Bundschuhbauern ab. 1520 spricht sich die Stadt gegen die Reformation aus und wird daraufhin Zufluchtsort von Erasmus von Rotterdam und dem Basler Domkapitel.

1536 ist mit der Vollendung des Hochchors der Bau des Münsters weitgehend abgeschlossen. Wenige Jahre danach erreicht der wachsende Hexenwahn in Europa auch Freiburg. Er kostet in den Jahren zwischen 1550 und 1628 131 Freiburgerinnen und Freiburgern das Leben. 1620, kurz nach Beginn des Dreißigjährigen Krieges, übernehmen die Jesuiten im Zuge der Gegenreformation die Freiburger Universität. Im Jahre 1632 besetzen protestantische Schweden unter General Horn die Stadt, 1638 werden sie von den Franzosen abgelöst. 1644 kommt es am Schlierberg, dem heutigen Lorettoberg, zur Rückeroberung durch die mit den Habsburgern verbündete kaiserlich-bayrische Armee unter den Generälen Franz von Mercy und Jan van Werth. Mit dem Westfälischen Frieden verliert Habsburg seine elsässischen Besitzungen, behält aber Freiburg und den Breisgau.

Vom westfälischen Frieden 1644 bis zur Gründung des Großherzogtums Baden

Da Frankreich unter Ludwig XIV. einen starken Expansionsdrang nach Osten entwickelt, bekommt Freiburg für die Habsburger nun den Status einer Frontstadt und wird 1651 zur Hauptstadt Vorderösterreichs erklärt. Trotz der strategischen Lage wird Freiburg 1677 überraschend von den Franzosen eingenommen. Um eine Rückeroberung durch die Habsburger zu verhindern, lässt Ludwig XIV. die Stadt durch den Militärarchitekten Sébastien le Prestre de Vauban zu einer starken Festung ausbauen.

Im Frieden von Rijswijk 1697 wird festgelegt, dass Ludwig XIV. die im Elsass besetzten Gebiete behalten darf, aber Freiburg und Breisach an die Habsburger zurückgeben muss. 1713, in der Endphase des Spanischen Erbfolgekriegs, besetzt die französische Armee Freiburg erneut. Durch den Frieden von Rastatt 1714 kommt Freiburg jedoch wieder an Habsburg. Im zweiten Österreichischen Erbfolgekrieg erobern französische Armeen im Jahr 1744 letztmalig die Stadt. Als die französischen Truppen im April 1745 Freiburg räumen müssen, legen sie die gesamten Festungsanlagen Vaubans in Schutt und Asche.

■ **Zerstörte Macht: Überbleibsel von Vaubans Festungsanlage**

1770 wird die österreichische Erzherzogin Marie-Antoinette auf ihrem Weg nach Frankreich zur Vermählung mit Ludwig XVI. von den Freiburgern begeistert empfangen. Mit dieser Hochzeit erhofft man sich den lang ersehnten Frieden zwischen den beiden feindlichen Lagern. Wenige Jahre später beginnt in Frankreich die Revolution, und 1796 nehmen französische Revolutionstruppen Freiburg ein. Nach drei Monaten vertreibt Erzherzog Karl die neuen Beherrscher der Stadt. Im Pressburger Frieden (1805) ordnet Napoleon Mitteleuropa neu. Das bisher habsburgische Freiburg, der Breisgau und die Ortenau werden an das neu entstandene Großherzogtum Baden angegliedert. Das seit 1520 in Freiburg durch Ulrich Zasius eingeführte Stadtrecht wird nun durch das Badische Landrecht abgelöst. Die Schlussakte des Wiener Kongresses bestätigt 1815 den Verbleib Freiburgs bei Baden, obwohl sehr viele Freiburger der »milden österreichischen Hand« nachtrauern.

Anfang des 19. Jahrhunderts wird das seit 600 nach Christus bestehende Bistum Konstanz aufgelöst und 1827 Freiburg als Sitz des neuen Erzbistums für das Oberrheingebiet ausgewählt. 1845 fahren die ersten Züge auf der neuen Bahnstrecke nach Offenburg.

In der Revolution 1848/49 brachen demokratische Revolutionäre von verschiedenen Orten Südbadens auf, um in Karlsruhe die großherzogliche Regierung zu stürzen. Alle fünf Züge der Aufständischen wurden von Militär zerschlagen.

Hier am Jägerbrunnen trafen am Ostersonntag, 23. April 1848, Freischärler der Kolonne Sigel unter der Führung von Gustav Struve (1805-1870, Abb. oben) auf Regierungstruppen. Nach kurzem Gefecht - es fielen drei Soldaten und 20 Freischärler - wurden die Revolutionäre in die Flucht geschlagen. Die Niederlage führte zur Auflösung des Sigel-Zuges. Von den 4 000 Männern blieben noch etwa 400, mit denen Franz Sigel (1824-1902, unten) am Ostermontag zu den Aufständischen in Freiburg stoßen wollte. Der Versuch mißlang, der Zug löste sich auf.

Wanderrouten Deutsche Revolution in Baden 1848/49

Landeszentrale für politische Bildung Baden-Württemberg

■ **Infotafel zur Revolution 1848/49 bei Günterstal**

Von der Revolution 1848 bis zum Ende des Ersten Weltkriegs

Die Revolution von 1848 entlädt sich im Südwesten Deutschlands besonders heftig, obwohl Baden 1818 während der Restauration eine der liberalsten Verfassungen in Europa eingeführt hat. In Freiburg kommt es zu blutigen Barrikadenkämpfen, an denen sich neben badischen Regierungstruppen auch hessische Verbände beteiligen.

Mit der Reichsgründung unter Bismarck von 1871 und dem damit verbundenen Anschluss von Elsass-Lothringen beginnt in Freiburg ein kräftiger Wirtschaftsaufschwung. Unter Oberbürgermeister Otto Winterer werden nördlich und südlich der Altstadt prächtige neue Stadtteile mit schönen Jugendstilgebäuden gebaut. An den Rändern der Stadt entstehen Fabriken und Arbeiterquartiere.

Im Februar 1900 kann sich Johanna Kappes nach hartem Kampf als erste deutsche Studentin an der Freiburger Universität immatrikulieren. 1901 rumpelt die erste elektrische Stadtbahn durch Freiburgs Innenstadt. Im Ersten Weltkrieg wird die Stadt Ziel von 25 Luftangriffen. Nach dem verlorenen Krieg ist die Bahnlinie Basel–Mannheim jahrelang unterbrochen. Die Anbindung Elsass-Lothringens an Frankreich trifft Freiburg außerdem wirtschaftlich hart.

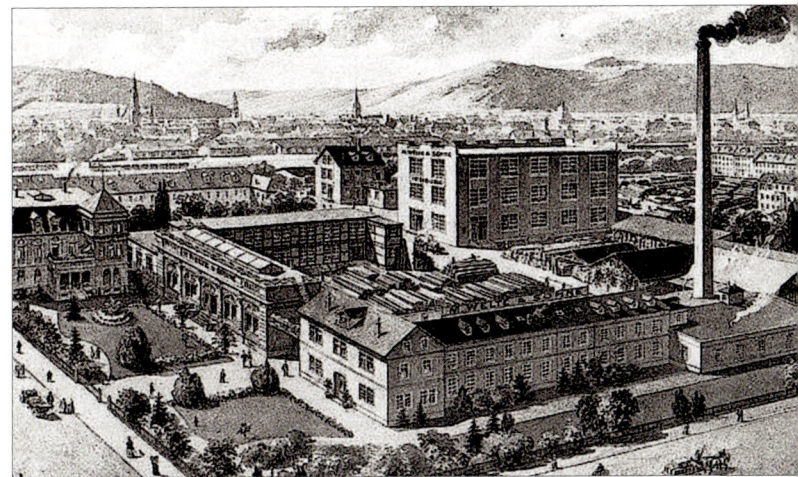

■ Die Fabrikanlage der berühmten Musikautomatenfirma Welte

Weimarer Republik, Nationalsozialismus und Zerstörung

Zwei der Reichskanzler der Weimarer Republik stammen aus Freiburg (Constantin Fehrenbach und Joseph Wirth). 1933 steigt die Arbeitslosigkeit in Freiburg auf über 18 Prozent. Bei der letzten freien Reichtagswahl erhält die NSDAP in Freiburg 35,8 Prozent der Stimmen. Unter dem Rektorat Martin Heideggers wird die Universität

■ Verkehrsschild am Platz der Alten Synagoge

gleichgeschaltet. Am 9. November 1938 stecken Nationalsozialisten die Synagoge beim Werthmannplatz in Brand, die jüdischen Männer werden für sechs Monate nach Dachau deportiert. 1940 werden alle hier verbliebenen Juden mit dem Sammeltransport ins südfranzösische Konzentrationslager Gurs verschleppt.

Am 10. Mai 1940 bombardieren Flugzeuge der deutschen Luftwaffe versehentlich die Stadt. 57 Menschen finden den Tod. Der Vorfall wird durch die NS-Propaganda ausgeschlachtet und den Alliierten angelastet. Am Abend des 27. November 1944 zerstören 351 britische Bomber innerhalb von 23 Minuten mit Abwurf von rund 20 000 Bom-

lung Deutschlands in verschiedene Besatzungszonen wird Freiburg 1946 Hauptstadt des Landes Südbaden, das nun zur französischen Zone gehört. 1946 wird Leo Wohleb zum badischen Staatspräsidenten gewählt. Nach der 1951 durchgeführten Volksabstimmung in den drei Ländern (Nord-)Württemberg-Baden, Württemberg-Hohenzollern und (Süd-)Baden kommt es 1952 zur Bildung des neuen Bundeslandes Baden-Württemberg mit Stuttgart als Landeshauptstadt. Die Studentenunruhen der späten 1960er-Jahre stoßen auch in Freiburg auf starke Resonanz. Das gewachsene politische Bewusstsein führt in den 1970er-Jahren zur Beteiligung vieler Freiburger am erfolgreichen Widerstand gegen das geplante Atomkraftwerk Wyhl. Im Gefolge dieser Ereignisse entwickeln sich in der Stadt eine starke autonome Szene und ein breites ökologisch orientiertes Spektrum. Freiburg wird zu einer Hochburg der neu gegründeten Grünen und bekommt bald den Ruf der deutschen Ökohauptstadt. Auch wissenschaftlich und wirtschaftlich entwickelt sich in Freiburg ein Klima, das der Stadt eine führende Rolle als Umweltstadt verschafft.

ben große Teile Freiburgs. Tausende verlieren ihr Leben oder werden verletzt. Wie durch ein Wunder bleibt das Münster fast unversehrt.

Nach dem Zweiten Weltkrieg

Im April 1945 besetzen die Franzosen die Stadt und halten hier im Oktober mit General de Gaulle eine Siegesparade ab. Infolge der Auftei-

1978 ist der Wiederaufbau der Altstadt, 34 Jahre nach der Zerstörung, weitgehend abgeschlossen. Die Wiederherstellung des

■ Eyecatcher am Hauptbahnhof: Solartower mit 240 Solarmodulen

Stadtbilds gilt als vorbildlich. 1980 kommt es infolge Wohnraummangels durch Mitglieder der autonomen Szene und Studenten zu zahlreichen Besetzungen von leerstehenden Häusern in der Stadt. 1986 ist die Stadt Gastgeberin der siebten Landesgartenschau Baden-Württembergs. Dadurch werden die westlichen Stadtteile um den Flückinger See erheblich aufgewertet. Die Attraktivität Freiburgs führt zu einem immer stärkeren Bevölkerungszuwachs, der die Entstehung neuer Wohngebiete notwendig macht. 1992 wird in Freiburg im Christaweg 40 das erste Solarhaus Deutschlands mit hundertprozentiger Vollversorgung aus Sonnenenergie gebaut.

1993 erfolgt am westlichen Stadtrand der Spatenstich für den Stadtteil Rieselfeld.

Durch die Auflösung der französischen Garnison 1992 entsteht ab 1995 auf einem verlassenen Kasernengelände der Stadtteil Vauban. 1996 überschreitet die Stadt die Zahl von 200 000 Einwohnern. Im selben Jahr wird das neue Konzerthaus der Öffentlichkeit übergeben.

2002 wird mit Dieter Salomon, der seinen langjährigen Vorgänger Rolf Böhme (SPD) ablöst, erstmals ein Oberbürgermeister aus den Reihen der Grünen gewählt. 2006 baut Freiburg seine Vorreiterrolle als Umwelthauptstadt immer weiter aus und übernimmt wieder die Spitze der Solarstrom produzierenden Städte in Deutschland. Besonders der Stadtteil Vauban gerät durch den Klimawandel ins Interesse der internationalen Medien.

2007 feiert die Albert-Ludwigs-Universität mit zahlreichen Veranstaltungen ihr 550-jähriges Jubiläum. Im Zuge des G8-Gipfels in Heiligendamm reisen zahlreiche Reporter aus der ganzen Welt nach Freiburg, um hier von Lösungswegen aus der Klimakrise zu berichten. Die Stadt nennt sich fortan »Green City«. Freiburg erlebt in diesem Jahr einen außergewöhnlichen Touristenboom und will nun sein umweltpolitisches Image stärker international vermarkten. Bis 2050 will die Stadt klimaneutrale Kommune werden.

2008 wählen Organisatoren der Weltausstellung 2010 in Shanghai den Freiburger Stadtteil Vauban als ein »Best Practice Example« für das EXPO-Motto »Better City – Better Life« aus.

In der Wonnhalde wird das Wald-Haus als Wissens- und Pädagogikzentrum für Wald und Nachhaltigkeit gebaut. 2018 wird weiter an dem neuen Stadtteil Dietenbach vis-à-vis vom Rieselfeld geplant. Hier sollen 12 500 Menschen leben. Weitere Stadterweiterungen werden geprüft, weil immer mehr Menschen nach Freiburg ziehen. 2018 wird Dieter Salamon nach 16 Jahren abgewählt und der parteilose Martin Horn wird neuer Oberbürgermeister.

Forschertour durch die westliche Altstadt

Tourbeginn und -ende:
*Martinstor, Stadtbahnhaltestelle
Holzmarkt (Linien 2, 3)
oder Stadtbahnhaltestelle
Bertoldsbrunnen (Linien 1, 2, 3, 4)
in der Kaiser-Joseph-Straße*

Streckenlänge: *circa 2,8 Kilometer*

Höhenunterschied: *7 Meter*

Einkehrmöglichkeiten: *Entlang
der Tour gibt es zahlreiche Cafés
und Restaurants.*

Dieser spannende Rundgang führt
uns durch die facettenreiche westliche Altstadt mit dem Rathaus, dem
Bahnhofsareal und dem Herz der
Universität. Wir treffen dabei auf
neue Prestigebauten, streifen durch
alternative Wohnviertel und landen
direkt in Freiburgs neuer Mitte.

Wir beginnen unsere Tour am
Martinstor. Das Martinstor thront
sozusagen direkt über der **Kaiser-Joseph-Straße,** und die »Kajo« ist unbestritten die wichtigste Geschäftsmeile der Innenstadt. Ursprünglich
verlief hier eine von Italien bis in
die Niederlande führende Handelsstraße, die sich beim Bertoldsbrunnen mit der Salzstraße kreuzte.
Lange Zeit wurde auf der früher als
»Große Gass« bezeichneten Straße
Markt abgehalten, auf dem auch
die durchziehenden Händler ihre
unterschiedlichsten Waren feilboten.
Heute ist der Bereich ums Martinstor einer der belebtesten Orte Freiburgs. Hier treffen sich von Osten
her das Martinsgässle, wegen seiner
Kneipen und Zugang zur Markthalle
auch »Fressgässle« genannt, die Gerber- und Fischerau und von Westen
her die Metzgerau, Mehlwaage und
Humboldtstraße mit der eh schon
wuseligen Kaiser-Joseph-Straße mit
ihren vielen Schnellimbissen und
Fastfood-Ketten.

Das *Martinstor* ist ein echter
Hingucker. Nachdem im 19. Jahrhundert die umliegenden Häuser
immer höher wurden, beschloss der
Stadtrat, das 1202 entstandene Tor,
anstatt es abzureißen, von 20 auf 63
Meter zu erhöhen, was ihm heute
seine imposante Höhe verleiht. Wir

■ **Blickfang am Rand der Freiburger Altstadt: das Martinstor**

gehen nach Norden und biegen an der nächsten Kreuzung nach links in die **Löwenstraße** ein. An der Ecke zur Niemensstraße befindet sich das bekannteste Jugendstilhaus in Freiburgs Altstadt. Die sehr eigenwillig von den Architekten Arthur Levi und Hermann Schupp gestaltete Fassade von 1905–1908 wird von außergewöhnlichen Figuren bewacht. In der Mitte des ersten Obergeschosses stützt der flötenspielende Pan, zusammen mit zwei teilweise entblößten Frauen, den darüber liegenden Balkon. Etwas unterhalb des Giebels tragen rechts und links zwei nackte Atlasfiguren die Weltkugel im Nacken.

Wir gehen nun rechts durch die belebte **Niemensstraße** mit ihren Cafés, Kneipen und kleinen Läden und kommen dabei an Universitätsgebäuden der Geisteswissenschaften und dem früher zum Kloster St. Peter gehörenden Petershof aus dem 16. Jahrhundert vorbei. Durch ihre universitätsnahe Lage ist die auch tagsüber recht quirlige Straße ein beliebter Treff für Studierende. Gegenüber der querenden Bertoldstraße folgen wir der **Brunnenstraße** und kommen am Komplex der *Alten Universität* mit der *Universitätskirche* vorbei.

Die 1683 bis 1700 im Zuge der Gegenreformation erbaute barocke Kirche brannte 1944 aus und wurde 1957 bis 1958 vereinfacht wieder hergestellt. In dem ganz in Weiß gehaltenen Inneren fällt dem Besucher sofort die 1988 im Altarraum aufgestellte raumhohe Plastik des Künstlers Franz Gutmann ins Auge. Ein unbehandelter rostiger Stahlträger, an dem ein 5,65 Meter hoher Monolith aus Holz aufgehängt ist, der aus einer Eiche des Freiburger Stadtwaldes herausgearbeitet wurde. Eine eigenwillige, nicht unumstrittene Kreuzigungsdarstellung, bei der der fehlende Querbalken lediglich durch zwei Befestigungsanker angedeutet wurde. Der Kopf ist völlig von einer martialischen Dornenkrone umschlungen. Das ausdrucksstarke Werk steht im harten Kontrast zu den unschuldig dreinschauenden Barockputten an den Wänden.

Wissen, Frauen, Weltenplan: Geschichte der Universität Freiburg

Wie nur wenige deutsche Universitätsstädte ist Freiburg eine wirkliche Studentenstadt. Jeder sechste Freiburger ist an der Universität immatrikuliert, und viele ehemalige Studierende sind nach ihrem Studium hier geblieben. Freiburg wurde und wird sehr durch seine Universität geprägt und es lohnt sich, einen genaueren Blick auf ihre Geschichte zu werfen.

An der durch Erzherzog Albrecht VI. von Österreich neu gegründeten Universität wird 1460 mit den Vorlesungen der vier klassischen Fakultäten Theologie, Jura, Medizin und Philosophie begonnen. 1620 übernehmen die Jesuiten die Philosophische und die Theologische Fakultät. Infolge der französischen Besetzung der Stadt kommt es 1677 zur Spaltung. In Freiburg bleibt eine

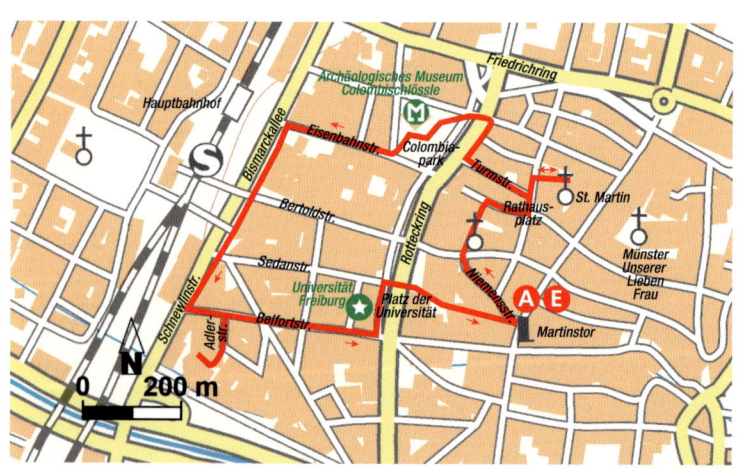

■ **Blick auf die Universitätskirche und den Münsterturm**

städtisch-französische Universität, während die vorderösterreichische Universität bis 1698 in Konstanz residiert. 1773 wird der Jesuitenorden aufgelöst und seine Gebäude werden von der Universität einkassiert. 1791 wählt man mit Johann Georg Jacobi auch noch den ersten protestantischen Uni-Rektor, für konservative Katholiken ein Schock. Die Universität ist auf dem besten Weg, sich zu einer offeneren Bildungseinrichtung zu entwickeln. Großherzog Ludwig von Baden sorgt im Jahr 1818 für den Fortbestand der Universität und drängt auf die Öffnung für beide Konfessionen. Zum Dank nennt sich die Albertina seither Albert-Ludwigs-Universität. Im Februar 1900 immatrikuliert sich Johanna Kappes nach hartem Kampf als ers-

te Studentin an der medizinischen Fakultät in Freiburg. Bisher ein Unikum im Reich. Im Mai 1933 wird der Philosoph und Autor des bekannten Werks »Sein und Zeit« Martin Heidegger zum Rektor ernannt, und wie überall im Reich werden alle jüdischen Hochschullehrer infolge des Gesetzes zur Wiedereinführung des Berufsbeamtentums entlassen. 1934 legt Heidegger sein Amt als Rektor nieder. In der Folgezeit isoliert sich das Mitglied der NSDAP an der Universität immer mehr, und er wird von einem NS-Psychologen als »einer der größten Wirrköpfe und ausgefallensten Eigenbrötler« bezeichnet. Nur wenige Universitätsangehörige wagen wie der Direktor der Pathologie Franz Büchner oder Mitglieder des Freiburger Kreises den offenen Widerstand. Büchner tritt 1941 nach öffentlichem Protest im Hörsaal gegen das »Euthanasieprogramm« von seinem Amt zurück.

1944 werden bei den Luftangriffen insbesondere die naturwissenschaftlichen Institute zerstört, aber bereits 1945 wird die Universität wiedereröffnet. Heute studieren rund 25 000 Frauen und Männer an elf Fakultäten und 18 wissenschaftlichen Zentren. Die Liste der berühmten Wissenschaftlerinnen und Wissenschaftler ist inzwischen lang geworden. Einige haben den Nobelpreis oder andere bedeutende Auszeichnungen bekommen. Eine außergewöhnliche Berühmtheit sei hier erwähnt: Der Freiburger Geographie- und Mathematikstudent Martin Waldseemüller erstellt 1507 mit dem Elsässer Matthias Ringmann eine Weltkarte, auf der sie für die »Neue Welt« den Namen »Amerika« einführen. Sie wollen damit den italienischen Seefahrer Amerigo Vespucci ehren. Da alle anderen Kontinente bereits weibliche Endungen tragen, kreieren sie das Wort Amerika. Die Karte verbreitet sich rasch, und der neue Name ist bald in aller Munde. Eine Replik dieser Karte sehen wir am Ende unserer Tour auf dem Platz der Weißen Rose gegenüber dem »Haus zur Lieben Hand«.

■ Oase zwischen Renaissance und Gotik: der Rathausplatz

Wir spazieren auf der Brunnen-straße links der Kirche weiter, bis wir in der ebenfalls recht quirligen **Rathausgasse** mit einigen schmalen Stadthäusern aus dem 15. und 16. Jahrhundert landen. Hier biegen wir rechts ein und erreichen den **Rathausplatz**.

Dieser wichtige Platz in der Frei-burger Altstadt entstand erst um 1845, nachdem man dafür einen Teil des *Franziskanerklosters* abgerissen hatte. Das 1229 gegründete und 1782 durch Kaiser Joseph II. aufge-löste Kloster ist vor allem durch den Mönch *Bertold Schwarz* bekannt, der hier im 14. Jahrhundert beim Expe-rimentieren das Schwarzpulver er-funden haben soll. Es ranken sich viele Geschichten um den Freibur-ger Constantin Anklitzen, der beim Eintritt in das Kloster den Namen Bertold angenommen hatte. Stim-men die Erzählungen, so hat man ihm den Beinamen Schwarz we-gen seines großen Wissensdursts in Bezug auf Alchemie und Schwarze Magie verpasst. Dokumente gibt es keine, aber gesichert ist, dass Frei-burg im 14. und 15. Jahrhundert ein Zentrum in der Entwicklung von Feuerwaffen war. Es ist mittlerweile allerdings auch bewiesen, dass Chi-nesen und Araber schon lange zuvor das Schwarzpulver entdeckt hatten.

Das 1853 von Alois Kittel ge-schaffene steinerne Brunnenstand-bild von Bertold Schwarz dominiert heute den Platz des ehemaligen Kreuzganges, vom dem wir noch den Ostflügel mit schönen Maßwerk-fenstern sehen. Dafür musste das umstrittene Denkmal des liberalen Vordenkers der Revolution 1848/49 Karl von Rotteck weichen, das kurz nach der Revolution ohne Zustim-mung der Obrigkeit hier platziert worden war.

Der Chor der gotischen *Kloster-kirche St. Martin* stammt aus dem Jahr 1262, das Langhaus wurde 1318 fertiggestellt. St. Martin ist somit der zweitälteste Freiburger Kirchenbau nach dem Münster. Im kargen Inneren spürt man noch das Armutsideal des Bettelordens, der besonderen Kirchenschmuck und gemauerte Kirchtürme ablehnte. Der hohe Turm war kein »Ungehorsam« der Mönche, sondern ein Werk des 19. Jahrhunderts. An der Stirnwand des rechten Seitenschiffs sehen wir die älteste Abbildung Freiburgs: Der Heilige Martin teilt seinen Mantel vor der Kulisse der Stadt.

Gegenüber dem Kirchenportal steht das Mitte des 16. Jahrhun-derts entstandene »Alte Rathaus« und links davon der größere Bau des »Neuen Rathauses«.

Altes und Neues Rathaus

Beim Bau des Alten Rathauses (1557–1560) wurden mehrere Vor-gängerbauten miteinander zu einem heute rot angestrichenen Gebäude verbunden. Der linke, mit zwei Glöckchen gekrönte Giebel entstand um 1600. Das Neue Rathaus, das op-tisch den Rathausplatz beherrscht,

■ **Juwel der Spätgotik: Haus zum Walfisch**

ist zwischen 1896 und 1901 durch Umbau des Doppelhauses »Zum Rechen« (1539–1545) entstanden. Dieses Haus, das noch gut an den beiden Giebeln erkennbar ist, war bis 1776 das Hauptgebäude der Universität mit Aula und Hörsälen. Später beherbergte es die Anatomie und eine Poliklinik. Angeblich soll der penetrante Verwesungsgeruch aus der Anatomie die Nachbarschaft so aufgebracht haben, dass man sich zu einer Nutzungsänderung durchrang. Das alte Universitätsportal wurde an die hintere Hoffassade gesetzt. Herzstück des Neubaus ist der neue Ratssaal, der über eine Arkadenhalle zwischen den beiden Flügeln des Hauses Zum Rechen gesetzt wurde. Im Südflügel hat sich als einziges Relikt der

Universitätszeit einer der schönsten Barockräume Freiburgs erhalten. Die Decke des alten »Auditorium maximum« ist mit sehenswerten Bandelwerk-Stuckaturen und figürlichen Stuckreliefs geschmückt. Das Glockenspiel mit seinen 25 Glocken auf dem Rathaustürmchen war eine Stiftung der Firma für mechanische Musikinstrumente Welte & Söhne (siehe Tour 10).

Vom Rathausplatz machen wir einen kleinen Abstecher in die **Franziskanerstraße** und passieren dabei einige prächtige mittelalterliche Bürgerhäuser. Das *Haus zum Pilgerstab* (Nr. 9) beherbergte im Collegium Battmannicum katholische Theologen aus der Schweiz, die nach der Reformation in Basel hierher geflüchtet waren. Das weiter hinten liegende *Haus zum Walfisch* war damals aus selbigem Grund eine Asylunterkunft für den Humanisten Erasmus von Rotterdam, der auch aus Basel vertrieben worden war. Der Walfisch brannte bei den Bombenangriffen 1944 lichterloh, aber die fetten Steinmauern hielten stand. Nach seinem Wiederaufbau diente er dem bekannten italienischen Filmregisseur Dario Argento für seinen düsteren Film »Suspiria« als Filmkulisse und er gehört heute zum Hauptsitz der Freiburger Sparkasse. Blickfang ist nach wie vor der wunderschön verschnörkelte Erker mit seinen beiden Wasserspeiern.

Wir gehen die Franziskanerstraße wieder zurück und biegen links vom alten Rathaus in die **Turmstraße.** Nach wenigen Schritten erscheint auf der rechten Seite das im Krieg ausgebrannte und in den 1970er-Jahren nach langem Streit wiederaufgebaute älteste Freiburger Rathaus, die *Gerichtslaube.* In dem vor 1303 erbauten Haus befanden sich ab 1328 die große und die kleine Ratsstube. 1497/98 tagte hier der Reichstag unter Kaiser Maximilian I. mit Reichsfürsten und Adeligen aus ganz Europa. Ab 1547 war das Bauwerk auch Gerichtsort, daher der Name, und wurde bald darauf erweitert. Wir spazieren die Straße mit vielen im Kern noch mittelalterlichen Wohnhäusern wei-

■ **Glanzstück des Historismus: Treppenhaus des Colombischlössles**

■ **Früher Besuchermagnet im Colombipark: der Schneckenreiterbrunnen**

ter und biegen dann am noblen Colombi Hotel kurz nach rechts in den verkehrsreichen **Rotteckring** ein. Nach wenigen Metern gelangen wir über einen Fußgängerübergang zum reizenden Colombischlössle auf einer Anhöhe inmitten eines hübschen Parks.

Glanzstück: Colombischlössle

Die Gräfin Maria Antonia Gertrudis von Zea Bermudez y Colombi ließ sich nach dem Tod ihres katalanischen Gatten Don Antonio hier ihr exquisites Traumschlösschen im Stil der englischen Tudorgotik bauen (1851–1861). Doch nur zwei Jahre nach ihrem Einzug starb die erst 54-Jährige überraschend, und als drei Jahre später auch die Tochter Christina kurz vor ihrer Hochzeit unter mysteriösen Umständen, angeblich an einer Lebensmittelvergiftung, starb, entstanden allerlei Gerüchte über die unglücklichen Todesfälle. Anwohner berichteten von einer weißen Gestalt, die dort nachts umgehen solle. Andere wollen seit dieser Zeit öfters einen schwarzen Pudel im Park gesehen haben. Böse Zungen munkelten, das sei die Seele des Gatten Don Antonio, da er seinen immensen Reichtum angeblich durch einen florierenden Sklavenhandel erreicht und so einen Fluch auf die Familie gezogen hatte.

1869 erwarb ein Schwarzwälder Unternehmer das herrschaftliche Anwesen und verwandelte den großen Park bis auf den heutigen Rest in Bauland. Eine Straße im neuen Viertel benannte er nach seiner Frau Rosa. Von 1947 bis 1952 wurde die repräsentative Villa Colombi Sitz der Badischen Staatskanzlei mit Leo Wohleb als erstem und letz-

tem Präsidenten Südbadens vor der Gründung Baden-Württembergs. Heute stehen in den Räumen Maria Antonias statt Nippes altsteinzeitliche Frauenstatuetten und Kostbares aus keltischen Fürstengräbern. Das Archäologische Museum und das wunderschön erhaltene Treppenhaus sind unbedingt einen Besuch wert.

Der drollige Schneckenreiterbrunnen von 1906 auf der Südseite des Parks wurde von Konrad Taucher geschaffen. Der Brunnen war damals der absolute Renner, und der »Freiburger Bote« schrieb: »Solche Denkmäler tragen dazu bei, die Kunst populär zu machen und das Kunstgefühl in weiten Kreisen zu erwecken.«

Wir spazieren am Schlössle vorbei durch den Weinlehrpfad und kommen in die **Eisenbahnstraße**. Dort biegen wir rechts ein und wandern die Straße durch bis zur Bismarckallee. Dieses Stadtviertel hat sich nach der Zerstörung 1944 zu einem Büro-, Banken- und Hotelviertel entwickelt. Der *Hauptbahnhof* auf der anderen Straßenseite entstand in seiner jetzigen Form ab 1999. Nachdem das prächtige alte Bahnhofsgebäude zerbombt worden war, empfing lange Zeit ein Provisorium, »'s Bahnhöfle«, die Reisenden. Besonders der im Jahr 2000 gebaute Bahnhofsturm fällt ins Auge. Nach dem Münsterturm ist dieser 19-stöckige Büroturm mit Solarfassade und trendiger Aussichtsbar das höchste Gebäude der Stadt und war ein Vorzeigeobjekt bei der Expo 2000. Wegen seiner großen Solaranlage wird er auch *Solartower* genannt. Wie das Konzerthaus ist

■ **Dschungelwelt: Graffiti im alternativen Bermudadreieck**

auch er ein Prestigebau und repräsentatives Portal für ankommende Reisende.

Wir halten uns nun in der **Bismarckallee** links bis zum modernen *Konzerthaus* und folgen dann der **Schnewlinstraße** in die gleiche Richtung. Rechts sehen wir neue Bürokomplexe, links eine ganz andere Szenerie. Das nahe am Univiertel gelegene Wohnquartier *Im Grün* war besonders in den 1980er-Jahren das brodelnde Bermudadreieck Freiburgs. Knapper Wohnraum und umstrittene Bauprojekte führten zu Hausbesetzungen und zunehmend gewalttätigen Demonstrationen. Viele Aktionen wurden hier geplant und ausgeführt.

Unruhe im Grün

Alles begann recht friedlich. Die Erben der mechanischen Fabrik Grether vermieteten nach dem Krieg ihre leerstehenden Hallen an kleine Handwerksbetriebe und ab 1977 auch an ein alternatives Gebrauchtwarenlager, das es heute noch gibt. Als sie dann den Abbruch der Anlage beschließen, bildet sich rasch ein Verein zum Erhalt des Grethergeländes. Der Widerstand formiert sich vor allem im Gebrauchtwarenlager, das daraufhin zwangsgeräumt werden soll. 1983 kauft die Stadt das gesamte Areal, um den Konflikt zu lösen, und nach zähen Verhandlungen mit der »Grether Baukooperative« wird 1988 ein Erbpachtvertrag mit den Bewohnern abgeschlossen. Das Ziel ist ein alternatives Kulturzentrum für Konzerte, Lesungen und politische Veranstaltungen. Gleichzeitig soll preiswerter sozialer Wohnraum geschaffen werden. Kurz drauf misst man in der ehemaligen Gießereihalle eine hohe Schwermetallbelastung. Das Projekt gerät ins Stocken und lässt sich nur sehr eingeschränkt verwirklichen. Heute finden wir auf dem Gelände neben Wohnungen kleinere alternative Betriebe, Büros, Werkstätten, ein Café, das Radio Dreyeckland, Beratungsstellen und das besagte Gebrauchtwarenlager. Ein weiteres Relikt aus Freiburgs unruhigen Tagen ist das Café Jos-Fritz mit der angrenzenden alternativen Buchhandlung gleichen Namens im Sponti-Paradies Specht-Passage.

Wir kommen nach links in die **Belfortstraße**. Wer sich im Grün noch gerne umschauen möchte, der hält sich bald rechts und folgt der Adlerstraße bis zu den alten Grether-Hallen. Ansonsten gehen wir geradeaus weiter und erreichen bald die neue *Universitätsbibliothek*, einen absoluten »Eyecatcher« im Quartier. Der von einem Basler Architekturbüro geplante 53-Millionen-Koloss liegt seit 2015 wie ein geschliffener schwarzer Diamant zwischen KG I, Synagogenplatz und Stadttheater. Die UB zählt zu den modernsten Bibliotheken Europas und hat die

■ **Neuer urbaner Treffpunkt: Treppen am Stadttheater**

größte innerstädtische Photovoltaikanlage auf dem Buckel. Sie ist zwar ein echter Hingucker, hat sich aber schnell zum neuen Spaltpilz in der Stadt entwickelt. Für die einen ist die neue UB ein absoluter Fremdkörper, der zahlreiche Mängel aufweist und an Sonnentagen Radler gefährlich blenden kann. Andere feiern jetzt Freiburg als neues Mekka der modernen Architektur.

Gegenüber sehen wir das 1911 eingeweihte zentrale *Universitätsgebäude KG I*. Der vom Architekturprofessor Hermann Billing geplante Bau gilt heute als ein bedeutendes Werk des späten Jugendstils. 1934 brach im Institut ein Brand aus, und bei der Renovierung erhöhte man den Komplex um ein Stockwerk. Die damals herrschenden Nationalsozialisten nutzten die Gelegenheit und ließen über dem Hauptportal die Inschrift »Dem ewigen Deutschtum« einmeißeln. Nach dem Krieg wurde sie bis auf die Vergoldung belassen. Rechts davon sehen wir das KG IV mit dem Historischen Seminar und der Verbundbibliothek und daneben auf einem Hügel ein Überbleibsel der Vaubanschen Eckbastion »La Reine«, die *Mensa*.

Wir biegen hier nach links und kommen durch die Fußgängerzone zum neu konzipierten **Platz der Alten Synagoge.** Der zweitgrößte Platz in der City ist seither ein beliebter Treffpunkt und gilt als Freiburgs neue urbane Mitte.

Das große Wasserbecken aus schwarzem Granit befindet sich genau auf dem Grundriss der 1938 von den Nazis in der Pogromnacht zerstörten Synagoge. Der hierfür notwendige Abtrag der alten Fundamente und der sommerliche »Wasserspaß« einiger Besucher am und im Synagogenbrunnen führten und führen immer wieder zu kontroversen Diskussionen über eine würdige Erinnerungskultur.

Wir verlassen den Platz zwischen den Gebäuden KG I und KG II und spazieren durch den **Platz der Weißen Rose** genannten Innenhof, das Herzstück der Freiburger Uni. Nach dem Café »Europa« gehen wir geradeaus, vorbei am ehemaligen Klosterhof »Haus zur Lieben Hand« und der Weltkarte (siehe oben, Universitätsgeschichte) und kommen in die **Löwenstraße.** Nach wenigen Schritten erreichen wir wieder den Ausgangspunkt am Martinstor.

■ **Moderne Mitte: Gedenkstätte Alte Synagoge und Unibibliothek**

TOUR 2 BRUNNEN, MÜNSTER, HEXENJAGD

Entdeckertour durch die östliche Altstadt mit dem Münsterplatz

Tourbeginn und -ende:
Bertoldsbrunnen in der Kaiser-Joseph-Straße, Stadtbahnknotenpunkt der Linien 1, 2, 3, 4

Streckenlänge: *1,6 Kilometer*

Höhenunterschied: *6 Meter*

Einkehrmöglichkeiten: *Entlang der Tour gibt es zahlreiche Cafés und Restaurants.*

Dieser eindrucksvolle Rundgang führt uns durch das alte Herz der Zähringerstadt mit dem Münsterplatz, die schön erhaltene östliche Altstadt und das zauberhafte Oberlinden.

Wir starten diesmal am *Bertoldsbrunnen*, dem Hauptknoten der Freiburger Stadtbahnen, mit der bronzenen Brunnenfigur von Nikolaus Röslmeir. Die 1965 aufge-

■ **Einst wichtiger Handelsweg: die Salzstraße**

stelle Plastik ersetzt den im Krieg zerstörten alten Bertoldsbrunnen. Die Proteste aus der Bürgerschaft gegen die eigenwillige Darstellung des Stadtgründers sind längst verstummt, und das moderne Reiterstandbild ist heute nicht mehr aus dem Stadtbild wegzudenken. Die Kreuzung Kaiser-Joseph-, Salz- und Bertoldstraße ist und war von jeher das eigentliche Zentrum der Stadt. Schon vor der Stadtgründung kreuzte hier eine von Italien bis zu den Niederlanden führende Handelsstraße, heute Kaiser-Franz-Joseph-Straße (Kajo), den Salzhandelsweg aus Oberschwaben, die heutige Salz- und Bertoldstraße.

Freiburg wurden die Weltoffenheit und der Wohlstand sozusagen schon in die Wiege gelegt. Die **Salzstraße,** in die wir jetzt einbiegen, war

im 18. Jahrhundert eine der besten Adressen der Stadt. An der Kreuzungsecke auf der linken Seite steht das *Kagenecksche Haus (auch: Zum Wilden Mann)*. Das Haus mit dem markanten Staffelgiebel stammt im Kern wohl noch aus der Zeit um 1460, wurde aber später von den Grafen von Kageneck barock umgestaltet. Beim Wiederaufbau nach dem Krieg entschieden sich die Planer aber wieder für eine mittelalterliche Fassadengestaltung.

Auf der rechten Seite erscheint nach 50 Metern das *Haus zum Herzog*. Es stammt noch aus der Mitte des 16. Jahrhunderts. Seit dieser Zeit steht vermutlich auch schon das hübsche Renaissance-Portal, dessen Giebel auf zwei Säulen ruhen. Im Giebelfeld wurde später das Wappen des Klosters St. Blasien angefügt, dessen Fürstäbte hier bis 1806 ihr Stadtdomizil hatten.

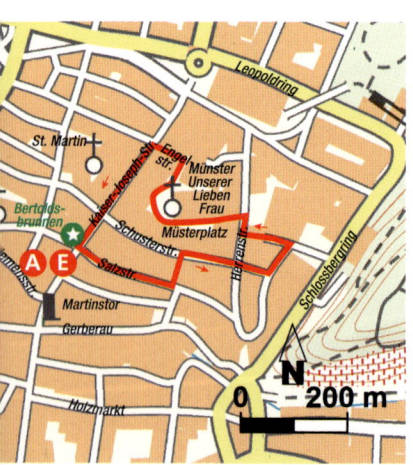

Venedig des Breisgaus: Freiburg und seine Bächle

Eine Besonderheit Freiburgs sind neben dem Gewerbekanal die zahlreichen kleinen Wasserläufe, die von den Freiburgern liebevoll »Bächle« genannt werden. Mit ihrem munteren Plätschern durchziehen sie auf insgesamt 9,1 Kilometer Länge die gesamte Altstadt. Erstmals erwähnt wurden sie in einer Urkunde von 1238. Das Wasser für die Bächle wird östlich des Schwabentores abgezweigt und rauscht über den 500 Meter langen »Bächlestollen«, einen im 17. Jahrhundert überwölbten Kanal aus dem 13. Jahrhundert, Richtung Innenstadt. Auf der anderen Seite der Stadt sammelt sich das Wasser wieder im Gewerbekanal. Eigens dafür angestellte »Bächleputzer« sorgen ständig dafür, dass es zu keinen Verstopfungen kommt.

Die Bächle dienten ursprünglich hauptsächlich als Brauchwasserzufuhr und dem Brandschutz. Brach irgendwo in den engen Gassen der Altstadt ein Feuer aus, konnte mittels Stellbrettern das Wasser in den Kanälen so umgelenkt werden, dass bei der Brandstelle genügend Löschwasser ankam. Nicht gewollt war die zunehmende Müllentsorgung. So schildert der bekannte Humanist Erasmus von Rotterdam die Zustände in der ersten Hälfte des 16. Jahrhunderts in Freiburg recht drastisch: »Hier herrscht große Unreinlichkeit. Durch alle Straßen dieser Stadt läuft ein künstlicher

■ **Markenzeichen und Spielplätze in der Stadt: Freiburgs Bächle**

Bach. Dieser nimmt die blutigen Säfte von Fleischern und Metzgern auf, den Gestank aller Küchen, den Schmutz aller Häuser, das Erbrochene und den Harn aller, ja sogar die Fäkalien derer, die zuhause keine Latrine haben. Mit diesem Wasser werden die Leintücher gewaschen, die Weingläser gereinigt, ja sogar die Kochtöpfe ...« Ein Glück war, dass Freiburg auch schon früh über ein eigenes Trinkwassersystem mit frischem Quellwasser aus dem Schwarzwälder Möslewald verfügte. Das dort in großen Brunnenstuben gesammelte Wasser leitete man über ausgehöhlte Fichtenstämme, sogenannte Deicheln, zu den vielen »Laufbrunnen« in der Stadt. Später leisteten sich auch einige betuchte Stadtbewohner den teu-

ren Anschluss an das Deichelsystem für ihre private Wasserversorgung. Wichtig waren die Kanäle auch für die Bewässerung der Wiesen um die Altstadt. Wegen der oft trockenen Sommer im Breisgau konnte man nur dadurch ausreichende Erträge erwirtschaften. Ab 1468 bildeten sich hierfür die »Runzgenossenschaften«, die die Wasserzufuhr und -verteilung der Bächle genau regelten. Um das Wasser gerecht zu verteilen, verwendete man »Ewige Teiler«. Solch ein wichtiger Wasserverteiler wurde in der Fischerau installiert, der den Gewerbekanal in einen südlichen und einen nördlichen Zweig teilt. Im 19. Jahrhundert galten die Bächle als unschick und mit zunehmender Motorisierung wurden die »Achsbrecher« unter Eisenplatten verbannt. Seit den Fußgängerzonen ist dieses Thema wieder passé und die erfrischenden Bächle sind inzwischen das Markenzeichen Freiburgs. Nicht geklärt ist der Ursprung einer Redewendung, nach der man nach einem unabsichtlichen Tritt in ein Bächle einen Freiburger oder eine Freiburgerin heiraten wird. Manche heiratswütigen Singles werden hier wohl trotz nasser Füße eine herbe Enttäuschung erleben. Aber wenn man fest genug dran glaubt, wer weiß …

Auf der gleichen Seite treffen wir nach wenigen Metern auf die *Deutschordenskommende*. Der Deutsche Orden war nachweislich schon seit Mitte des 13. Jahrhunderts in Freiburg aktiv. Dieser großzügige barocke Bau entstand ab 1768 nach Plänen Franz Anton Bagnatos. 1944 zerstört, ist er erst 1985 äußerlich wiedererstanden. Heute beherbergt er die Außenstelle des Karlsruher Oberlandesgerichts. Gegenüber steht ein ganz in Weiß gehaltener Prachtbau im eleganten Louis-Seize-Stil: das 1769 bis 1773

■ **Deutschordenskommende: imposanter Barockbau von F. A. Bagnato**

nach Plänen des Franzosen Pierre Michel d'Ixnard erbaute *Palais Sickingen* (Haus Nr. 17), das Stadtpalais der Freiherrn von Sickingen.

Nach der Revolution 1918 war es Wohnsitz des letzten badischen Landesherrn, Großherzog Friedrichs II. Letzte Bewohnerin war Herzogin Hilda. Sie blieb trotz Bombenhagels bis zuletzt im Palais, flüchtete dann aber auf den Schlossberg und musste wie Tausende andere Freiburger mit ansehen, wie große Teile der Stadt verbrannten. Das ausgebrannte Palais baute man in den 1960er-Jahren wieder auf.

Wir biegen nördlich des Augustinerplatzes (siehe Tour 3) vor dem *Haus zum Wetzstein* (1460) nach links in die gemütliche **Augustinergasse** mit schönen Pflastermosaiken und kleinen Läden ein. Sogar ein kleines Bächle zwängt sich durch die enge Gasse. In der **Schusterstraße** halten wir uns rechts und schlendern weiter. Dabei kommen wir an einigen schönen mittelalterlichen Häusern wie dem Gasthaus »Zum Deutschen Haus«, ehemals »Haus zum Spitalhof«, von 1386 oder dem »Haus zur kleinen Meise« von 1460 mit wunderschönem spätgotischem Eingangsportal vorbei.

Wir queren die Herrenstraße und spazieren weiter durch die **Münzgasse**. An der Seitenfassade des Schwarzwälder Hofes ist noch der Wappenstein der *Neuen Münze* zu sehen, in der einstmals der Freiburger Rappen geprägt wurde.

■ **Auf Schritt und Tritt: Freiburger Pflasterkunst**

Eine Besonderheit in Freiburg sind die kunstvoll gestalteten Straßenpflaster aus Basalt- und Granitsteinen. Vor vielen Geschäften sieht man meist runde Motive mit passenden Bildern, Wappen, Zunftzeichen oder mandalaartigen Mosaiken. Auch Gehwege und Straßen wurden oft fantasiereich durch verschiedenfarbige Steine verziert.

An der Einmündung in die hübsch eingegrünte **Konviktstraße**, ein preisgekröntes Musterbeispiel für eine gelungene Altstadtsanierung, treffen wir auf den alten *Gasthof Wolfshöhle* mit dem dazu passenden »wölfischen« Schild. Im Mittelalter nannte man das ganze Viertel hier die Wolfshöhle.

Die Herrenstraße hieß bis ins 18. Jahrhundert »Vordere Wolfshöhle«, bevor sie erst in Pfaffengasse und dann in Herrenstraße umbenannt wurde. Im 16. Jahr-

■ Eine der schönsten Gassen in der Altstadt: Konviktstraße

hundert ließ sich hier beim Gasthof die Besenbinderin Anna Schweizer nieder. Nach einem Jahr beschuldigten sie böswillige Nachbarn des »Hagelsiedens« und »Viehlähmens«. Das waren unheilvolle Fähigkeiten, die nach damaligem Volksglauben nur die Hexen beherrschten. Als alleinstehende Frau der Unterschicht und zudem noch als Zugezogene war sie ein ideales Mobbingopfer und solchen Anschuldigungen hilflos ausgeliefert. Man sperrte sie 1546 als erste Freiburger »Hexe« in den als Gefängnis genutzten Christoffelsturm und nachdem man ihr durch Folter ein »Geständnis« herausgepresst hatte, wurde sie öffentlich verbrannt.

Wir gehen die Konviktstraße nach links durch bis zum »Maurischen Schloss«, dem Jugendstil-

Komplex des *Erzbischöflichen Ordinariats*. Der Architekt Raimund Jeblinger plante für den monumentalen Bau erst einen Mix aus neoromanischen und maurischen Elementen. Bald faszinierte ihn der neu aufkommende Jugendstil so sehr, dass er seine Pläne auf den Müll warf und diese interessante Synthese aus Historismus und Jugendstil schuf. 1906 war die feierliche Einweihung. Absoluter Hingucker ist das ungewöhnlich bunte und formenreiche Jugendstiltreppenhaus.

An der nächsten Kreuzung kommen wir in die **Schoferstraße**. An der Ecke steht der alte Turmhelm eines Treppenturmes des Münsters. Er weist uns auf die gleich dahinter liegende *Neue Münsterbauhütte* hin, die 1890 vom Münsterbauverein gegründet wurde. Nachdem über Jahrhunderte in der Alten Münsterbau-hütte das Münster Stück für Stück gebaut worden war, klopfen und sägen nun hier seit 1912 viele fleißige Hände, um Freiburgs gotisches Juwel zu erhalten. Durch Luftverunreinigungen und Taubendreck müssen an dem Bauwerk ständig Steine ausgetauscht und gotische Bögen und Figuren durch aufwändige Repliken ersetzt werden.

Wir gehen die Straße nach links, biegen an der Konviktskirche von 1826 kurz in die **Herrenstraße** nach rechts und erreichen nach wenigen Schritten die *Alte Münsterbauhütte*. Im Mittelalter bezeichnete der Be-griff »Bauhütte« die gesamte Organisation der an der Errichtung des Münsters beteiligten Bauleute. Sie war der Kern der »Münsterfabrik«, die seit Ende des 13. Jahrhunderts in städtischer Regie den Münsterbau durchführte. Der jetzige Bau mit der »Steinhütte« im Erdgeschoss und darüber zwei Wohnungen für die Turmwächter stammt von 1609. Mit den Türmen und den zahlreichen gotischen Strebepfeilern des Müns-ters im Hintergrund ist es ein beliebtes Fotomotiv. Seit 1956 schweigen die Hämmer, und der Münsterladen hat hier seine Tore geöffnet. Mit seinen Einnahmen wird die Erhaltung

■ **Schoferstraße mit Konviktskirche und Münstertürmen**

■ **Einst österreichische Wache, heute Haus der badischen Weine**

des Freiburger Münsters unterstützt. Immer samstags um 13 Uhr gibt es hier eine öffentliche Führung.

Wir stoßen von hier direkt auf Freiburgs besonderes Heiligtum, den **Münsterplatz** mit dem Wahrzeichen der Stadt, dem alles überragenden Münster »Unserer lieben Frau«. Jetzt halten wir uns links und kommen direkt zu der vorwitzig in den Platz gerückten *Alten Hauptwache*, die 1733 für österreichische Garnisonen gebaut wurde. In der Nachkriegszeit war das etwas verkommene Gemäuer immerhin noch als Deutschlands einziges unter Denkmalschutz stehendes öffentliches WC bekannt. Inzwischen wurde es aus seinem Dämmerzustand wachgeküsst, und man kann im »Haus der badischen Weine« erlesene badische Spitzen-

weine genießen und an exzellenten Weinproben teilnehmen.

Gleich dahinter bildet das weiße *Wentzingerhaus* mit den umliegenden Häusern eine der reizvollsten Häuserzeilen in der Altstadt. Das 1761 erbaute Rokoko-Gebäude mit dem Namen »Zum schönen Eck« war in der zweiten Hälfte des 18. Jahrhunderts Wohnsitz des bedeutenden Freiburger Malers, Bildhauers und Architekten Christian Wentzinger (1710–1797). Es beherbergt heute das Museum zur Stadtgeschichte. Ein Highlight ist schon das Treppenhaus mit großen Deckengemälden im Obergeschoss.

Rechts davon, neben dem Redoutenhaus, steht der fulminante Höhepunkt der bürgerlichen Baukunst. Das *Alte Kaufhaus* mit seinen Staffelgiebeln, spätgotischen Vorhangbogenfenstern und Eckerkern mit hübschen bunten Ziegeldächern ist ein wirkliches Schmuckstück und stellt die anderen Bürgerhäuser am Münsterplatz etwas in den Schatten. Das erste kommunale Kaufhaus wurde im 14. Jahrhundert für den Warenumschlag und die Zollabwicklung gebaut.

Mit Speichern und Kellern diente es auswärtigen Händlern auch als sicheres Warenlager. Der bestehende Bau wurde ab 1520 durch die schmucke Schauseite zum Münsterplatz hin erweitert. Im Obergeschoss befand sich der städtische Festsaal.

Über den vier breiten Arkaden hatte man zur Ehre der Habsburger die fast lebensgroßen Steinfiguren von Kaiser Maximilian I., seinem Sohn Philipp dem Schönen und seinen Enkeln Kaiser Karl V. und Erzherzog Ferdinand I. angebracht. 1532 waren die Bauarbeiten abgeschlossen. Als Architekt wird der Münsterbaumeister Lienhart Müller vermutet.

Das Marktgeschehen hatte sich seit dem 14. Jahrhundert zunehmend von der »Großen Gass« (Kajo) hierher verlagert. Allerdings war der Münsterplatz bis 1785 durch die Mauer des 1515 aufgelösten Friedhofs geteilt. Auch das bis an den Rand

■ **Prachtvoll: historisches Kaufhaus am Münsterplatz**

mit Knochen der Pesttoten gefüllte Beinhaus mit der Andreaskapelle und dem Totenlicht stand noch lange hier, und während des Dreißigjährigen Krieges baute man zur Abschreckung auch noch den Galgen direkt vor dem Alten Kaufhaus auf.

Das *Erzbischöfliche Palais* wurde 1756 für die breisgauische Ritterschaft als Haus zum Ritter erbaut und war bis 1944 Wohn- und Amtssitz des Bischofs. 1944 brannte es wie fast alle Häuser im westlichen und nördlichen Teil des Münsterplatzes aus und seit dem Wiederaufbau hört man hier die Stimmen der Domsingschule. Schräg gegenüber steht der seit dem Mittel-

alter bekannte und 1935 neu errichtete Georgsbrunnen.

Dahinter liegt der Haupteingang des Münsters, welches das Bombeninferno wie durch ein Wunder fast unversehrt überstanden hat. Auch die gotischen Glasfenster blieben erhalten, weil man sie ausgelagert hatte. Das Äußere des Münsters demonstriert mit seiner Größe die Macht der Kirche und erzählt mit ausdruckstarken Figuren von Gott und den Mächten der Hölle: furchterregend gestaltete Wasserspeierwesen, Heilige und Dämonen. Ein besonders kecker Wasserspeier, der »Blecker«, reckt über dem Lamm-

■ **Besonderer Hingucker: der Blecker**

portal seinen Allerwertesten genau in Richtung des ehemaligen erzbischöflichen Domizils.

Dies führte immer wieder zu den wildesten Spekulationen. Der scheinbare Zusammenhang ist jedoch rein zufällig, denn Blecker speit sein Wasser schon seit über 600 Jahren in diese Richtung, aber den Erzbischof gibt es hier erst seit 1827.

Zahlreiche Figuren zieren auch die herrlichen Eingangsportale. So zeigt das Nordportal beispielsweise die Schöpfungsgeschichte der Welt, das Südportal am Chor die Krönung Mariens. Man wollte damit im Mittelalter auch den vielen Analphabeten anschaulich vor Augen führen, was sie glauben müssen und was den Sündern droht. Das prächtige gotische Hauptportal, das in reicher Bildersprache die Heilsgeschichte und das Jüngste Gericht erklärt, führt uns ins Innere der Kirche.

Freiburger Münster

Das Freiburger Münster ist ein außergewöhnliches Zeugnis einer hohen mittelalterlichen Bau- und Steinmetzkunst. Seit der Gründung des Erzbistums Freiburg 1821 ist es Pfarrkirche der Dompfarrei »Unserer Lieben Frau« und Kathedrale der Erzdiözese. Beim Baubeginn um 1200, knapp achtzig Jahre nach der Stadtgründung, gehörte Freiburg zum Bistum Konstanz und das Münster entstand als Stadtkirche. Als Bischofskirche müsste es jetzt eigentlich Dom heißen, aber die Freiburger blieben lieber bei ihrem »Münster«. Der Bau des gewaltigen Gotteshauses zog sich bis ins 16. Jahrhundert hin, und Generationen von Bauleuten und Freiburgern erlebten diesen Platz nur als Dauerbaustelle. Dank der ergiebigen Silbergrube am Schauinsland, der vielen steuer- und abgabenzahlenden Händler in der Stadt und auch der großen Sandsteinvorräte in nächster Nähe gelang es, das Münster mitsamt dem Turm noch im Mittelalter fertigzustellen, was bei solchen Ausmaßen die absolute Ausnahme war. Anfangs waren die Herzöge von Zähringen zuständig, ab circa 1300 übernahm die Stadt die Leitung der Arbeiten.

Das Freiburger Münster hat eine lange und komplizierte Baugeschichte. Es erlebte viele Planwechsel und Baumeister, deren Namen erst mit Beginn des spätgotischen Chorbaus bekannt überliefert wurden. Zu ihnen zählt Johannes von Gmünd aus der berühmten deutschen Baumeisterfamilie Parler. Zum ältesten erhaltenen Bauabschnitt des Münsters gehören das romanische Querhaus mit der Vierungskuppel, dem dreifach gestuften Nikolausportal auf der Südseite und den beiden später gotisch erhöhten Chorflankentürmen, auch als Hahnentürme bekannt. Im 13. und 14. Jahrhundert erfolgte der Bau des gotischen Langhauses und des 116 Meter hohen Westturms mit reichem Maßwerkfiligran, der von dem Basler Kunsthis-

■ Perle der Gotik: Hochchor des Freiburger Münsters

toriker Carl Jakob Burckhardt nicht nur, wie häufig zitiert, als »schönster Turm der Christenheit«, sondern sogar als »schönster Turm auf Erden« bezeichnet wurde. Er ist der erste völlig durchbrochene Steinturm der Gotik und wurde bereits um 1330 fertiggestellt. Der bekannte Kosmograph Sebastian Münster beschreibt 1544 in seiner »Cosmographia« den Freiburger Münsterturm: »Die Heiden hetten ihn vor zeiten under die sieben Wunderwerk gezelt …«

Der Aufstieg über 329 Stufen bis zur obersten Plattform belohnt den Besucher mit einem überwältigenden Blick auf die Stadt und das Umland. Im Glockenstuhl des Turmes hängen 15 Glocken, von denen die 3290 Kilogramm schwere Hosanna aus dem Jahr 1258 (!) zu den ältesten erhaltenen Glocken dieser Größe zählt. Der 22 Meter hohe Glockenstuhl stammt Experten zufolge aus dem Jahr 1292 und ist somit in Europa einzigartig. Nach Fertigstellung des Westturms entschloss sich die Stadt zum Neubau des Chors mit Umgang und Kapellenkranz, wofür allerdings der Münsterplatz zunächst nach Osten hin durch Abbrüche erheblich vergrößert werden musste. Der Mitte des 14. Jahrhunderts begonnene Chor wurde erst

1513 geweiht. Mit dem aufwändigen Netzgewölbe, dem asymmetrischen Maßwerk mit bemalten Glasfenstern und dem Kapellenkranz ist er ein spätgotisches Meisterwerk. Berühmt ist auch der 1512 bis 1517 geschaffene Hochaltar von Hans Baldung Grien, der auf seiner Innenseite die Krönung Mariens darstellt. Weitere wertvolle Kunstschätze befinden sich in den zehn Kapellen um den Hochaltar. Die gotischen Fenster waren Stiftungen der Handwerkszünfte, und bei genauem Hinsehen kann man dort ihre Zunftzeichen entdecken. Man findet beispielsweise im »Bäckerfenster« auf der Nordseite in der unteren Leiste die ganz frühe Darstellung einer Brezel.

Wir gehen um das Münster herum auf die nördliche Seite des Münsterplatzes. Der grazile *Fischbrunnen* stand bis Anfang des 19. Jahrhunderts in der »Großen Gass« am Platz des heutigen Bertoldsbrunnens. Dort war ursprünglich der Markt, wo die Händler und Bauern ihre Waren feilboten. Die Brunnenschale nutzten die Fischhändler, um ihre Fische frisch zu halten. Später wurde der gotische Brunnen zunächst an die Münsterstraße verlegt. Wegen des zunehmenden Verkehrs baute man ihn 1938 ab und mottete ihn ein, was ihn vor der Zerstörung rettete. 1970 wurde er hier in detailgetreuer Kopie wieder aufgestellt.

■ **Untrennbar: der Münstermarkt und seine Wurstbuden**

Freiburger Münstermarkt

Der Bauern- und Händlermarkt findet von Montag bis Freitag statt, wobei der nördliche Münsterplatz die Bauernseite ist und die Händler auf der Südseite ihren Platz haben. Fast eine Legende sind inzwischen die Verkaufsstände mit den begehrten Freiburger »Langen Roten«. Traditionell steht ein Stand auf der Südseite, die berühmten vier findet man auf der Nordseite, wo sie die »langen Roten mit Weckle« unters hungrige Volk bringen. Seit 1950/51 wird hier die berühmte Frage »mit oder ohne« gestellt, wobei die Würste im Laufe der Jahre immer länger wurden. Die mittlerweile 35 Zentimeter langen Rostbratwürste gibt es je nach Geschmack mit Zwiebeln, Senf oder Ketschup.

Der gelernte Bäcker Josef Föhrenbach hatte beim Einbau eines Wurstgrills neben seinem Süßwarenstand sicher nicht im Traum dran gedacht, dass die Idee mit dem Wurstverkauf dermaßen einschlagen würde. Da auf der Nordseite nach wenigen Jahren vier Stände die Gier der Freiburger und der Touristen nach den leckeren Fleischobjekten befriedigen wollten, führte man 1967 ein System ein, bei dem die Wurstbuden jeden Monat reihum den Platz wechseln. Der

■ **Historischer Multifunktionsbau: das Kornhaus**

vorne am Hauptportal des Münsters gelegene Standplatz ist nämlich die »Pole Position« und bringt mit Abstand den größten Umsatz.

Auf der im Krieg stark zerstörten Nordseite des Platzes baute man das *Kornhaus* mit seinem markanten Staffelgiebel wieder auf. Der 1498 als Korn- und Tanzhaus errichtete Bau erlebte schon die wildesten Nutzungskombinationen. Anfangs diente er sowohl für repräsentative Empfänge als auch als Kornspeicher. Ab 1547 zogen zudem noch die Metzger ein, und er hieß als Schlachthaus die »Große Metzig«. Als 1770 hier auch noch Schauspieler Komödien zum Besten gaben, wurde es den Stadtvätern mit ihrem Multifunktionsbau doch zu bunt. 1785 verlegte man das Schlachthaus mit seinem Gestank an den Stadtrand, und das gesamte Gebäude wurde Theaterhaus. Als man die alte Augustinerkirche 1823 in einen prächtigen Theatersaal verwandelte, zogen Marktstände und wieder das Korn hierher. Seit dem Wiederaufbau befinden sich hier Lokale, Büros und Läden.

Wir schlendern rechts vom Kornhaus durchs **Kopfgässle** in die **Engelstraße**. An der kleinen Kreuzung macht ein Bächle eine Schlaufe, die von Sandsteinköpfen mit großen aufgeblasenen Backen und Ohren gesäumt wird. Die etwas mexikanisch anmutenden Skulpturen heißen »Fünf Kobolde« und sind ein

■ **Brunnen vor der neuen Synagoge**

Werk des Künstlers Franz Gutmann (1977). Er gehört heute zu den bekanntesten Bildhauern in Freiburg. Hier halten wir uns rechts und kommen nach wenigen Schritten zur 1987 neu errichteten *Synagoge* für die heute wieder rund 700 Mitglieder starke jüdische Gemeinde. In den Neubau konnten zwei noch erhaltene eichene Türflügel mit aufwändigen Schnitzarbeiten der 1938 zerstörten alten Synagoge integriert werden.

Von hier gehen wir die Engelstraße wieder in westliche Richtung zurück. Kurz vor dem Einbiegen in die Kaiser-Joseph-Straße fallen auf der linken Seite, zwischen nüchternen Nachkriegsfassaden, die Wasserspeier an einem gotischen Erker auf. Sie gehören zum einstmals größten Freiburger Adelshof, dem zwischen 1494 und 1496 erbauten *Basler Hof.*

Bauherr war der frisch geadelte Jura-Professor der Albertina Konrad von Stürzel. Für den Bau am damaligen Markt kaufte er mehrere Häuser auf, die zum Teil in den »Neubau« integriert wurden. So lässt die Fensteranordnung an der Hauptfassade immer noch die

vier Vorgängerbauten erahnen. Der Komplex bekam seinen jetzigen Namen vom Basler Domkapitel, das hier nach der Reformation Unterschlupf fand. Die Domherren ließen an der Fassade ihre drei Basler Stadtheiligen anbringen: Maria flankiert von Kaiser Heinrich II. und Bischof Pantaleon. Seit dem Wiederaufbau residiert hier der Regierungspräsident.

Wir gehen die **Kaiser-Joseph-Straße** nach links und erreichen nach kurzer Zeit wieder den Ausgangspunkt am Bertoldsbrunnen.

■ **Stadtpalast zwischen nüchternen Nachkriegsbauten: Basler Hof**

Rundgang durch die Schneckenvorstadt, Gerber-, Fischer- und Oberau

Tourbeginn und -ende:
Schwabentorplatz,
Stadtbahnhaltestelle Oberlinden
(Linie 1) in der Salzstraße

Streckenlänge: *2,5 Kilometer*

Höhenunterschied: *19 Meter*

Einkehrmöglichkeiten: *Entlang der Tour gibt es zahlreiche Cafés und Restaurants.*

Dieser faszinierende Stadtrundgang an den erfrischenden Wasserkanälen Freiburgs entlang beginnt am Schwabentorplatz. Vom Schwabentor (siehe Tour 4) führt unser Weg, vorbei am Gasthof Storchen, hinunter in die **Gerberau.** Der stattliche Industriebau der Reinigung und Färberei Himmelsbach, unter dem die Wassermassen zur Stromgewinnung hindurchrauschen, ist neben kleineren Werkstätten eines der letzten Überbleibsel der alten Gewerbestruktur. Im Mittelalter befand sich an dieser Stelle beim »Haus zum steinin Brücklin« das

legendäre *Schwabsbad*, ein mittelalterliches Badehaus, in dem neben allerlei Vergnügungen auch gebadet wurde. Kaum biegt man um die Ecke, empfängt einen auch schon die bunte Welt der Gerberau.

Zahlreiche Restaurants mit Biergärten, Cafés, kleine Läden, Theaterbühnen und Galerien in schmucken kleinen und großen Häusern säumen die Ufer des rauschenden Gewerbekanals. Besonders an Wochenenden und lauen Sommerabenden zieht es viele Besucher hierher. Viele kommen aus Frankreich oder der Schweiz – und natürlich auch aus Freiburg. Kleine Stege verbinden beide Kanalseiten miteinander. Zwischen Gerberau und Insel kämpft schon seit einigen Jahren ein Krokodil wacker gegen die reißenden Fluten an. Mittlerweile ist es wohl alt geworden und steinhart wie Granit. Gleich daneben steht ebenfalls im Wasser der »Plastikmensch«. Der 3,5 Meter hohe Müllriese des Künstlers Thomas Rees möchte auf die Problematik der Verschmutzung durch Plastikmüll aufmerksam machen.

■ Malerisch: Häuserzeile mit dem Haus zum grauen Wolf

die Alemannische Bühne ihr festes Refugium. Nach dem traditionsreichen Feierling öffnet sich auf rechter Hand der **Augustinerplatz.** Er ist einer der schönsten, aber auch, vor allem nachts, lautesten in der

Die mittelalterlichen Häuser tragen noch ihre historischen Namen wie »Zum Bolz«, »Zum Dachs« oder »Zum blauen Stern«. Ein besonders idyllischer Fleck ist die heftig eingegrünte Häuserzeile auf der »Insel« mit dem Gasthaus »Rauer Mann«.

Die alte Ölmühle beherbergt heute eine Goldschmiedewerkstatt, und im Theatersaal des alten Gasthofs Feierling hat seit 1978

■ Bestaunt und belächelt: Säule der Toleranz am Augustinerplatz

■ **Tagsüber ein lauschiges Plätzchen: der Augustinerplatz**

Altstadt. Das nächtliche Freiburger Party-Bermudadreieck zwischen Martinstor, Schwabentor und Bertoldsbrunnen hat hier an lauen Sommerabenden sein Epizentrum, und die Nachtschwärmer und Feierwütigen scharen sich besonders gerne auf der »Spanischen Treppe«. Trommeln, Musik und Geschrei brachten und bringen regelmäßig Anwohner auf die Barrikaden und die Ordnungskräfte auf den Plan. Daher steht hier seit 2009 die »Säule der Toleranz«, eine drei Meter hohe Stele, die sich jeden Abend Punkt 23 Uhr von Grün in Rot verfärbt und die Besucher so zur Ruhe mahnen soll. Eine originelle Idee mit fragwürdigem Resultat.

Tagsüber kann man hier prima in der Mittagssonne chillen, Straßenmusikern lauschen, Gaukler bewundern und den Blick über die schönen Fassaden und vielen Menschen ringsum schweifen lassen. An der Bodenpflasterung lässt sich noch der Verlauf der alten Stadtmauer erkennen.

Im oberhalb liegenden ockergelben Komplex des ehemaligen *Augustinerermitenklosters* ist heute das *Museum für oberrheinische Kunst- und Kulturgeschichte* untergebracht. Teile der hauptsächlich barocken Anlage wie der Kreuzgang stammen im Kern noch aus dem 14. Jahrhundert. Nach der Auflösung des Klosters 1784 wurde die Klosterkirche 1823 zunächst zum Theater umgebaut und ist 1923 mit den Klostergebäuden zum Museum geworden.

Schneckenvorstadt

Ateliers, Biergärten, gemütliche Cafés und urige Lädchen: Die Schneckenvorstadt ist ein Freiburger Stadtquartier mit Charme und Geschichte. Bereits im 13. Jahrhundert war der Bevölkerungsdruck in der Altstadt enorm und die Stadt über die alten Mauern hinausgewachsen. Im Westen lagen die Prediger- und Lehener Vorstadt. Vor dem Christoffelstor im Norden die Vorstadt Neuburg und südlich vom Martins- und Schwabentor erstreckte sich die Schneckenvorstadt. Der Stadtteil erhielt seinen Namen nicht etwa durch die niedlichen kleinen schleimigen Tierchen, die sich an Regentagen oft in Scharen über die frisch gepflanzten Setzlinge hermachen. Nein, die

bis 1842 als Teil des Vauban'schen Festungsringes überwachte. Nachts riegelte der Wärter das wenig feine Quartier ab und ließ Spätheimkehrer nur noch gegen gute Bezahlung hinein. Ab 1677 machte die Umsetzung von Vaubans monströsen Festungsplanungen mit acht Bastionen um die Stadt allen Vorstädten außer der Schneckenvorstadt den Garaus. Auch vom verheerenden Bombenangriff 1944 blieb das alte Handwerker- und Gerberviertel verschont, so dass sich hier ein ganz besonderes Stück des alten Freiburg erhalten hat.

Durch die alte Überschwemmungsaue der Dreisam legte man ab dem 13. Jahrhundert den heutigen Gewerbekanal an, um mit seiner Wasserkraft zahlreiche Wasserräder für die unterschiedlichsten Mühlen, Hammerschmieden, Schleifereien anzutreiben. Gleichzeitig kamen Gerber, Färber, Fischer und Metzger hierher, die den Kanal für ihre Arbeiten ebenfalls brauchten – und in den dunklen Gassen hatte auch das älteste Gewerbe einen festen Platz. Luft und Wasser waren durch die Arbeiten der Gerber und Färber vergiftet, und die Schlachthäuser mit ihren Abfällen stanken erbärmlich. Die heutigen Touristen wären damals wohl ziemlich eilig durch die Gassen geflitzt, um schnell wieder ein angenehmeres Umfeld und frische Luft zu erreichen.

Schneckenvorstadt war kein Stadtteil mit Gemüsegärten, wie etwas das Stuttgarter Bohnenviertel. Der Namen leitete sich wohl von einem Gasthaus am Martinstor mit großer Wendeltreppe ab, die man damals »Schnecke« nannte. Am Rand des Viertels stand der ebenfalls nach der Treppe benannte Schneckenturm, der die gesamte Vorstadt

Wir gehen die Gerberau weiter Richtung Westen und biegen an der nächsten Möglichkeit nach links in die ebenfalls malerische **Fischerau** ein. Sie hat ihren Namen von den Freiburger Fischern, die sich an diesem Kanalabschnitt angesiedelt hatten und dort im Kanal ihren Fang in so genannten »Fisch-Archen« zur Aufbewahrung vertäuten. Auch heute sind noch einige der Häuser mit ihrer traditionellen Holzverkleidung versehen. Kleine Lädchen und Galerien säumen den Uferweg.

Westlich der Fischerau stand früher die Metzig, das Schlachthaus, von der die sich anschließende Metzgerau ihren Namen hat.

Wir verlassen die Fischerau, halten uns an der **Kaiser-Joseph-Straße** links und biegen an der nächsten Möglichkeit wieder nach links in die **Adelhauser Straße** ein. Auf der rechten Seite steht der stattliche Bau der ehemaligen höheren Mädchenschule, des heutigen Goethe-Gymnasiums. Dahinter öffnet sich der beschauliche **Adelhauser Klosterplatz** vor der dunkelroten Barockfassade des ehemaligen Adelhauser Neuklosters, für mich einer der lauschigsten Orte in der Freiburger Altstadt.

■ **Verstecktes Kleinod: Klosterkirche Adelhausen Neukloster**

Im sicheren Stadtgebiet zwischen Gerberau und Festungswall wurde hier 1687 den heimatlos gewordenen Dominikanerinnen des Klosters Adelhausen und weiterer Klöster südlich der Stadt im diesem neu gebauten Kloster Asyl gewährt. Die alten Klosterbehausungen waren zuvor mehrfach verwüstet worden und mussten dann Vaubans Wallanlagen weichen. Die Fassade der neuen Klosterkirche von »Adelhausen Neukloster« entwarf der französische Militärarchitekt Nicolas de la Douze. Der Hochaltar der Kirche von 1702 zeigt die Patrone aller im Neukloster vereinten Konvente. Bestimmendes Raumelement ist die große Nonnenempore. Aus den alten Klöstern sind noch einige Relikte aus dem 14. Jahrhundert wie das »Adelhauser Kruzifix«, die Sandsteinfigur der heiligen Katharina sowie ein bemerkenswertes Vesperbild erhalten geblieben. In den Klausurgebäuden, die sich um einen schönen Innenhof gruppieren, blieben der Kapitelsaal und das Refektorium mit prächtigen Stuckdecken erhalten. Letzteres beherbergt außerdem noch einen schönen Kachelofen aus dem Jahr 1693. Um die Aufhebung des Konvents zu verhindern, richtete man unter Kaiser Joseph II. für die Nonnen eine Mädchenschule ein, die bis zur schließlich unvermeidbaren Klosterauflösung 1867 bestand. Ab 1931 zog das Städtische Museum ein und

■ **Altes Gerberhaus in der Adelhauser Straße 22**

heute ist hier das Museum für Natur und Mensch sowie das Museum für Neue Kunst beheimatet.

Große schattenspendende Kastanien und der putzige Gänsemännlebrunnen inmitten der schönen Fassadenkulisse bilden einen wohltuenden Kontrast zum Trubel drumherum. Der Platz ist an heißen Sommertagen eine angenehm kühle Wohlfühloase.

Wir gehen nun am Kloster vorbei in die **Marienstraße**. Links steht die ehemalige Klosterschule mit dem Museum für Neue Kunst. An der Ecke gegenüber sehen wir noch ein altes Gerberhaus mit den heute zum

■ **Ein Hauch von Tibet in der Wallstraße: Tibet Kailash Haus**

Wohnen ausgebauten Gaupen, in denen früher das Leder zum Trocknen aufgehängt wurde.

Wir gehen die Marienstraße nun nach rechts und machen in der **Wallstraße** nochmals einen Schwenk nach rechts. Wie schon von weitem

an den tibetischen Gebetsfahnen erkennbar, lebt im Haus Nr. 8 eine spirituelle Gemeinschaft. Das sonnengelb angestrichene *Tibet Kailash Haus* mit seinem Stupa im exotisch angelegten Garten ist seit seiner Gründung durch Wilfried Pfeffer um 2000 ein wichtiges Zentrum des tibetischen Buddhismus und seiner Medizin in Deutschland.

Hier machen wir kehrt und gehen die Wallstraße Richtung Osten. Dabei queren wir zuerst den Greiffenegg- und dann den Schwabentorring und kommen schließlich in die **Kartäuserstraße**, eine belebte Straße im Stadtteil Oberau mit kleinen Geschäften und alternativen Lokalen, wie dem fast schon legendären Café Ruef.

Industriegeschichte am Gewerbekanal: die Oberau

Das Wasser vom Gewerbekanal und der Dreisam wurde früh zum Antrieb von Maschinen genutzt. Schon im Mittelalter ratterten hier Mühlen und Granatschleifereien. Zentrale Straße der Oberau ist die Kartäuserstraße. Sie verdankt ihren Namen einem ehemaligen Kartäuserkloster aus dem 14. Jahrhundert, das in der Nähe abgeschieden am Waldrand liegt. Heute ist dort ein Seniorenheim untergebracht. Im 19. Jahrhundert prägten die Fabriken für Garn- und Seidenzwirn (Carl Mez), Papier (Flintsch) und die Zuckerwarenfabrik Moriz mit ihren rauchenden Schloten das Leben in der Oberau. Infolge der Enge verlegte man sie aber in die Außenbezirke und die Oberau verwandelte sich in ein beliebtes Wohnquartier. Lediglich die Brauerei Ganter blieb vor Ort. Der Südwestrundfunk nutzt seither einen Teil der Mez-Gebäu-

de, die anderen Fabriken wurden für neue Wohnanlagen abgerissen. Das Haus Kartäuserstr. 39 von 1904 war die Fabrikantenvilla der Familie Mez. Der Vorfahre des Erbauers war Carl Christian Mez (1808–1877), der die Fabrik bereits von seinem Vater geerbt hatte. Er galt als liberaler Kopf und früher Verfechter eines christlichen Sozialismus und gehörte 1848–49 der Frankfurter Nationalversammlung an. Seine Seidenzwirnfabrik war in Freiburg für die von ihm eingeführten sozialen Einrichtungen wie Arbeiterwohnhäuser, Badeanstalten und Fabriksparkassen bekannt.

Wir spazieren weiter und biegen nach rechts in die hübsche **Mühlstraße** und folgen dann der baumbestandenen Straße **Oberau** nach links. Die schöne Wohnstraße mit Blick auf Fluss und Brauerei Ganter führt uns bis zur *Fabrikstraßenbrücke*. Der 1898 bis 1901 entstandene, auch »Oberaubrücke« genannte Steg gehört zu den wunderbar verzierten Jugendstilbrücken, die Freiburg dem extremen Dreisamhochwasser von 1868 verdankt.

Damals wurden fast alle Brücken zerstört, teilweise von den gewaltigen Wassermassen fortgerissen, und die Stadt musste für den Neubau tief in den Stadtsäckel greifen. Die Befestigungspunkte des gusseisernen Geländers an der Betonbrücke wurden mit gusseisernen Fröschen und Schlangen gestaltet.

Die flächigen Ornamente erinnern an damals übliche Muster von Stickereien. Wohl eine Anspielung auf die nahe Garnfabrik Mez. Die Geschichte des Hauses der linken Ecke Oberau/Fabrikstraße erinnert etwas an eine Achterbahnfahrt. Um 1900 als renommierte »Restauration zum Kaiserhof« gebaut, wurde es während der NS-Zeit beschlagnahmt und zum Zwangsabeiterlager für »Westarbeiter« aus Frankreich, Holland und Belgien. Das Leben im völlig überbelegten Kaiserhof muss sehr hart gewesen sein, allerdings nicht so schlimm wie im mit Stacheldraht

■ Grünes Wohnparadies an der Dreisam: Oberau

Nr. 60 mit seinen langgesichtigen Balkonkonsolen. Gegenüber dem Nachbarhaus, Haus Nr. 58, geht es rechts durch das SWR-Gelände über den Gewerbekanal bis zum **Augustinerweg**.

Dieser herrlich lauschige Weg zwischen eingewachsenen Weinbergmauern, kleinen Wohnhäusern und dem rauschenden Wasserkanal führt uns direkt zum **Schwabentorplatz** zurück.

■ Bestrickend: Gusseiserne Geländer der Fabrikstraßenbrücke

eingezäunten »Ostarbeiterlager« in der Habsburgerstraße 28-32.

Wir gehen nun die **Fabrikstraße** Richtung Weinberge bis zur **Kartäuserstraße**, in die wir dieses Mal nach links einbiegen. Nach einigen Metern sehen wir auf der linken Seite das 1903 erbaute Jugendstilhaus

TOUR 4 KANONEN, TÜRME, TECHTELMECHTEL

Kleine Expedition zum Schlossbergturm

Tourbeginn und -ende:
Schwabentorplatz,
Stadtbahnhaltestelle Oberlinden
(Linie 1) in der Salzstraße

Streckenlänge: *1,6 Kilometer*

Höhenunterschied (insgesamt):
circa 135 Meter

Einkehrmöglichkeiten: *Greiffeneck-Schlössle mit Kastaniengarten, Cafés und Restaurants in Oberlinden*

■ **Oberlinden mit dem Marienbrunnen und der Linde**

Kleine Expedition zum Schlossbergturm

Diese erlebnisreiche Rundtour führt uns vom Schwabentor über die Aussichtsparadiese Kanonenplatz und Schlossbergturm zum geschichtsträchtigen Greiffeneck-Schlössle.

Wir starten am Schwabentor und queren kurz vor dem Tor den stark befahrenen Schlossbergring mittels **Schwabentorsteg.** Dann geht es den Fußweg Richtung Greiffenegg-Schlössle hoch.

◼ **Die Eingangspforte der Salzstraße: das Schwabentor**

Geschichtsträchtiges Oberlinden

Der geschichtsträchtige Stadtteil Oberlinden hat seinen Namen von einer seit 1261 am Marienbrunnen stehenden Linde an der Kreuzung Salz-/Herrenstraße. Der heutige Baum wächst seit 1729, hat also auch schon einiges erlebt. Die Barockmadonna des jetzigen Brunnens ist ein Werk des Bildhauers Franz Hauser (1651–1717). Schräg gegenüber steht der nachweislich älteste deutsche Gasthof, der Rote Bären. Seit 1311 wird hier ausgeschenkt und gespeist – und seine Fundamente sind vermutlich sogar noch älter.

Wir befinden uns in einem der ältesten Teile Freiburgs. Viele der tiefliegenden Gewölbekeller stammen noch aus der Gründungsphase der Stadt. Die Salzstraße war schon lange zuvor eine von Oberschwaben herführende Handelsstraße, auf der unter anderem das damals kostbare Salz hergekarrt wurde. So ist es auch zu verstehen, dass am Schwabentor am Ende der Salzstraße das Bild eines reichen schwäbischen Kaufmanns gemalt wurde, der, einer Legende zufolge, die Stadt kaufen wollte. Als er seine, wie er dachte, mit Gold gefüllten Weinfässer öffnete, rieselten unter dem Spott der umstehenden Bevölkerung nur Sand und Kieselsteine heraus. Seine wohl ganz vernünftige Frau hatte, so erzählt es die Sage, zuvor das teure Metall des leicht größenwahnsinnigen Händlers ausgetauscht. Über der Tordurchfahrt sitzt ein kleines »Männle«, das sich am Fuß einen Dorn herauszieht. Dieses Symbol wurde aus der Antike übernommen und sollte den Reisenden als Mahnung gelten, nicht vom rechten

Weg abzukommen. Solche Zeichen hatten noch eine weitere Funktion: Wandernde Handwerksburschen mussten sich solche Bildersymbole merken, damit sie zu Hause glaubhaft machen konnten, tatsächlich in jener Stadt gewesen zu sein.

Auf der anderen Seite des Tores befindet sich eine Abbildung von 1904 mit dem Schutzpatron Freiburgs, dem heiligen Georg im Kampf mit einem Lindwurm. Das Tor von 1250 wurde 1901 durch einen gewaltigen neugotischen Aufbau fast um das Dreifache erhöht. 1954 korrigierte man dies wieder, bis auf das Stockwerk mit der Uhr.

Wir gehen wir links am Schlössle vorbei und erreichen über kleine Serpentinen den **Kanonenplatz.** Von dieser kleinen Plattform bietet sich ein einzigartiger Blick auf Freiburg und das grüne Umland. Das rote Dächermeer um das Münster, die Wiehre mit ihren vielen Straßenbäumen, die direkt unter den steilen Weinbergen gelegene Oberau, die Villen am Lorettoberg

und die umgebenden Schwarzwaldberge lassen den Blick hin- und herschweifen. Bei klarer Sicht sieht man im Westen die Rheinebene mit Tuniberg und Kaiserstuhl und am Horizont die Vogesen. Ein herrlicher Platz, wie auch der nahe Kastanien-Biergarten, um an lauen Sommerabenden wunderschöne Sonnenuntergänge zu genießen.

Wir spazieren nun auf dem **Burghaldering** direkt oberhalb der Weinberge bis zur **Kleinen Redoute,** auch als »Kleiner Kanonenplatz« bekannt. An der Balustrade sind mehrere alte Kanonenkugeln befestigt, und man muss fast zwangsläufig an den Baron von Münchhausen denken, der hier oben einen optimalen Startplatz gehabt hätte.

Statt durch die Lüfte zu fliegen, wählen wir die etwas bodenständigere, wenn auch schweißtreibendere Variante und folgen den zahllosen Treppenstufen hoch zum Vorderen Schlossberg. Die Treppenanlage verläuft seit 2006 auf der zuvor total zugewachsenen alten Wegtrasse Vaubans.

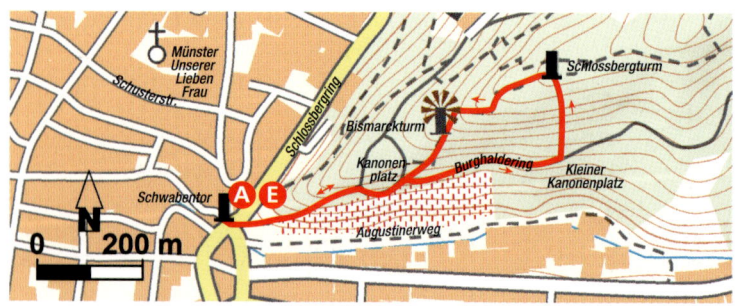

Kleine Expedition zum Schlossbergturm

■ **Majestätisch: Münsterblick beim Aufstieg zum Schlossberg**

Steter Aufstieg und Fall: der Schlossberg

Wenig erinnert daran, dass wir uns hier auf äußerst geschichtsträchtigem Boden befinden. Bereits 1091 ließ Bertold II. von Zähringen auf dem Schlossberg sein damals viel besungenes »Castrum von Friburch« errichten. In der Folgezeit wurde die Burg immer wieder zerstört und neu aufgebaut. 1366 legten die Freiburger im Krieg mit ihrem Stadtherrn Egino III. eigenhändig die »schönste Feste in deutschen Landen« in Schutt und Asche und wählten freiwillig die Habsburger als neue Schutzmacht. Die Ruine überließen die neuen Herren der Stadt, die daraus ihre östliche Stadtbefestigung bastelte. 1668 weckte das strategisch günstig gelegene Gemäuer das besondere Interesse Kaiser Leopolds I., und er ließ die alten Burgteile zur Festung »Leopoldsburg« ausbauen. Diese sollte als Bollwerk gegen die zunehmende Bedrohung durch Lud-

zum französischen Vorposten in den österreichischen Vorlanden auszubauen. Die Dreisam wurde nach Süden verlegt und rings um die Stadt schüttete man Bastionen auf und errichtete mächtige Mauern. Jenseits davon entstand das Glacis, das große Schussfeld. Oberhalb des alten Schlosses ließ Vauban drei große Forts errichten: Fort de l'Aigle, im Volksmund das »Salzbüchsle«, Fort St. Pierre und Fort Carré. Sie bezeichnete man nun als das »Obere Schloss« und das alte Schloss hieß nun »Unteres Schloss«. 1681 war für die Freiburger ein aufregendes Jahr, als Seine königliche Hoheit aus Paris höchstpersönlich mit großem Gefolge zur Inspektion der Arbeiten hier auftauchte. Den Bauern und Handwerkern war es dabei ganz und gar nicht zum Feiern zu Mute: Viele verloren durch die riesige Festung ihre Erwerbsgrundlage oder ihr Haus und mussten diese steinerne Gigantomanie auch noch mit bezahlen. Die Festung Vaubans war eine steinerne Machtdemonstration von Ludwig XIV., schön und schrecklich zugleich. Als die Franzosen nach weiteren Schlachten die Stadt 1745 endgültig an die Habsburger zurückgeben mussten, zerstörten sie die Anlagen so gründlich, dass der Schlossberg und das Umland der Stadt lange von Trümmern bedeckt waren.

wig XIV. dienen, nachdem bereits 1648 das Elsass an die französische Krone gefallen war. Vergeblich, denn neun Jahre später, im Holländischen Krieg, nahmen die Franzosen Stadt und Festung ein.

Nachdem die Habsburger Freiburg 1679 im Frieden von Nimwegen Frankreich überlassen mussten, wurde der Schlossberg völlig umgekrempelt. Ludwig XIV. beauftragte seinen Festungsbaumeister Sébastien Le Prestre de Vauban, Freiburg

■ Gigantisch: Rundblick vom Schlossbergturm

Wem das Treppensteigen zu monoton wird, der kann sich ja in das Studium der eingravierten Namen auf den Treppen vertiefen.

Vielleicht stößt man dabei ja auf einen bekannten Spender. Motivierend könnte auch sein, dass wir uns hier auf Vaubans historischem Treppenverlauf bewegen, wo vor uns schon viele Soldaten rauf und runter gehetzt wurden. Die 288 Stufen sind immer wieder nummeriert, so dass jeder seinen persönlichen Stand beim Venentraining ablesen kann. Ab Stufe Nr. 251 kann man die Treppe auch verlassen und auf den letzten Metern einem Fußpfad folgen. Oben auf dem 436 Meter hohen Gipfel, der so genannten *Salzbüchslehöhe,* bekommen wir durch den *Schlossbergturm* nun die Gelegenheit zu einem Intensiv-Venentraining. Die Belohnung folgt sofort: eine grandiose Aussicht, zumindest an klaren Tagen. Der 2002 erbaute Turm war eine Herausforderung: 34 Meter lange und insgesamt über 6 Tonnen schwere Douglasien aus dem Ottilienwald mussten dafür auf den Berg gehievt werden. Sie wurden am Platz eines früheren Geschützturms der Festung Fort de l'Aigle aufgestellt und mit dem Metallgehäuse der Wendeltreppe verbunden. Informationstafeln erinnern an die Geschichte von Festung und Turmbau. Hat man die 153 Eisenstufen zur circa 30 Meter hohen Plattform erklommen, fühlt man sich fast wie beim Ritt auf der Kanonenkugel: ringsum zahlreiche Schwarzwaldgipfel, bei guter Sicht auch die Vogesenkämme, und weit unten liegen Rheinebene und das

Dreisamtal mit den vielen kleinen »Spielzeughäusern«, die zusammen Freiburg bilden.

Der Architekt Horbach beschreibt den Turmaufstieg sehr treffend: »Wer den Turm besteigt, der findet in ihm nicht die Geborgenheit eines Wehrturms, sondern erfährt mit jedem Schritt nach oben stärker eine Ausgesetztheit – bis hinauf zum ›Krähennest‹ über der obersten Plattform, wo jeder Besucher mit sich und dem weiten Blick (…) alleine ist.« Wieder einmal haben die Freiburger bewiesen, dass sie leidenschaftliche Turmbauer sind und auch vor kühnen Konstruktionen nicht zurückschrecken.

Wer noch gerne etwas mehr über die Festungsanlagen erfahren möchte, geht den Weg rechts hoch. Oben trifft man auf die Überreste der beiden Forts St. Pierre und Carré. Schautafeln erläutern die verschiedenen Standorte. Ansonsten wandern wir nun nach links Richtung Tal. Wir kommen an Überresten von Schuttwällen und kleineren Gräben vorbei, die längst vom Stadtwald überwuchert worden sind.

Nach einigen Biegungen und Windungen queren wir mittels eines Eisenstegs einen Festungsgraben. Der *Bismarckturm* auf der anderen Seite ist 1900 auf Resten der Festungswälle von patriotischen Freiburger Studenten errichtet worden.

In vielen anderen deutschen Universitätsstädten kam es in der Folgezeit zu ähnlichen Turmbauten, die stets in der festgelegten Form einer Feuersäule gebaut wurden. Von der deutschen Studentenschaft war damals für bestimmte Tage (zum Beispiel Bismarcks Geburtstag) eine einheitliche Befeuerung der Türme unter dem Motto »Flammen über ganz Deutschland zu Ehren Bismarcks« vorgesehen. Der Turm war nie als Aussichtsturm gedacht und ist auch heute verschlossen. Rechts vom Turm führt ein Fußpfad hinunter. Zwischen Brombeerranken sieht man, dass der Turm genau auf einem alten Festungsgewölbe steht. Unten halten wir uns links und erreichen wieder den Kanonenplatz.

■ **Bismarckturm auf Vaubans Festungsgewölben**

Ruhe und Unruhe im Greiffenegg-Schlössle

Im Ruinenmeer der zerstörten Festungsanlagen ließ sich 1805 der letzte österreichische Regierungspräsident Hermann Joseph Tröndlin von Greiffenegg seine Altersresidenz, die er »Quieti Sacrum« (Heiligtum der Ruhe) nannte, erbauen. Aufgrund seiner autoritären Ausstrahlung hatte ihn der österreichische Kaiser Josef II. zuvor mit der Durchsetzung der Universitätsreform von Maria Theresia betraut. Er drängte trotz vehementer Widerstände den Einfluss der Jesuiten zurück und führte modernere Lehrmethoden ein. Greiffenegg stand zeitlebens fest an der Seite Habsburgs, und der Anschluss Freiburgs an Baden

eines Sattlermeisters. Ins Schlössle zog aber bald auch ihre bildschöne Schwester Josefa mit ein. Dies bot den Freiburgern Nährstoff für wilde Gerüchte über eine »Menage à trois«. Die Gemüter erhitzten sich immer heftiger und 1825 erstach Greiffenegg bei einem Duell in Venedig einen deutschen Arzt, der Ehrenrühriges zum angeblichen Dreiecksverhältnis geäußert hatte. Die kleine Tochter des Getöteten nahm der Oberst, er war ganz Gentleman, in seinem Schlössle auf. Dadurch begann jedoch ein weiteres Drama, denn eines Tages stürzte sich das Mädchen von der Aussichtsplattform »Altane« in den Tod – angeblich, nachdem sie erfahren hatte, wer der Mörder ihres Vaters war. Die Ursachen blieben im Dunkeln, aber die Gerüchteküche brodelte natürlich wieder. 1839 verkaufte Hermann das Schlösschen an einen Bierbrauer, wodurch die Residenzzeiten auf dem Schlossberg endgültig zu Ende waren. Durch seine schöne Aussichtslage entwickelte es sich bald zu einem beliebten Ausflugslokal und kann heute sogar bequem mit einem Aufzug erreicht werden. Als Hommage an den Erbauer, den treuen Diener Habsburgs, weht noch heute öfters die rot-weiß-rote Flagge am Schlössle.

war für ihn ein Schock, den er nur um ein Jahr überlebte. Sein heute als Greiffenegg-Schlössle bekanntes »Ruheheiligtum« übernahm nun sein Sohn Hermann, der zugleich als »Haudegen, Schöngeist, Dichter und Liebling der Gesellschaft« bekannt war. Er verstand sich bestens mit der Damenwelt und heiratete in zweiter Ehe Agathe, die Tochter

Von hier gehen wir auf demselben Weg zum Ausgangspunkt zurück.

Entdeckungsreise durch das Altbauparadies Wiehre

Tourbeginn und -ende:
Stadtbahnhaltestelle Johanneskirche
(Linien 2, 3 ,5)
in der Günterstalstraße

Streckenlänge: *circa 4,6 Kilometer*

Höhenunterschied: *29 Meter*

Einkehrmöglichkeiten:
Kartoffelhaus in der Basler Straße,
Café au Lait in der Brombergstraße,
Alter Wiehrebahnhof, Urachstraße,
Omas Küche in der Hildastraße

Dieser faszinierende Rundgang beginnt an der Stadtbahnhaltestelle Johanneskirche. Wir queren die Günterstalstraße und gehen zur *Johanneskirche*. Die 1899 von Joseph Durm im neoromanischen Stil erbaute katholische Kirche mit ihrer wuchtigen Sandsteinfassade beherrscht optisch den Johanneskirchplatz und die Ausfallstraße nach Süden. Wegen ihrer Größe nennen sie die Freiburger auch stolz ihren »Wiehre-Dom«.

Zuvor stand auf diesem Gelände das Freiburger Gaswerk. Es wurde für den Kirchenbau abgebrochen und in den Stadtteil Stühlinger verlegt.

Unser Weg führt nun links am Südturm vorbei und geht über den Parkplatz zu einem eingegrünten Plätzchen. Dieser Teil der **Kirchstraße** wird von den roten Chorstreben des »Domes« und der wuchtigen *Gertrud-Luckner-Gewerbeschule* mit eingerahmt. Die damaligen Stadtbaumeister Thoma und Stammnitz kramten bei der Planung des mons-

■ **Beherrschender Blickfang: Johanneskirche in der Wiehre**

■ **Stolz der Gründerzeit: Gertrud-Luckner-Gewerbeschule**

trösen Schulhauses tief in der deutschen Architekturgeschichte. Steinmetze und Maurer gaben ihr Bestes, um die vielen neogotischen Bögen, Renaissanceerker und -türmchen an ihren vorgesehenen Platz zu setzen.

Gleich daneben, in der Kirchstraße 6, entstand zur gleichen Zeit ein weiterer kleiner Prachtbau: das in imposanten neogotischen Formen und mit großem Sandsteinerker gebaute *Pfarrhaus der Johannesgemeinde.* Bei den Einweihungsfeierlichkeiten der Bauten war der Bürgerstolz über das Erreichte und die neuen Entwicklungen groß. Kirche, Schule und Pfarrhaus sind

steingewordene Zeugen einer wirtschaftlichen Boomzeit, die 1871 schlagartig nach dem Anschluss von Elsass-Lothringen an das Deutsche Reich über die Breisgaumetropole hereingebrochen war.

Wir folgen der hier beginnenden Kirchstraße nach links. Haus für Haus führt uns die leicht geschwungene Straße in den ältesten Teil der Wiehre, einstmals ein kleines Bauernnest vor den Toren der Stadt.

Es gibt viele hübsche Wohngebäude, und das Haus Nr. 37 ist ein nettes Beispiel für ein bescheidenes Jugendstilgebäude mit verspielten Balkongeländern und lustigen Ge-

■ **Detailverliebter Historismus: Pfarrhaus der Johanneskirche**

sichtern an den Gaupen. Zum absoluten Eyecatcher wurde das kunterbunte *Graffitihaus* an der Ecke zur Konradstraße. Der Graffitikünstler Tom Brane zauberte 2016 im Auftrag der Eigentümerin eine Fabelwelt aus Pflanzen, Tieren, Naturgeistern

und Kindern auf die Fassaden. Die Aktion auf dem ursprünglich denkmalgeschützten Bau erhitzte schnell die Gemüter von Anwohnern, Behörden, Medien und Besuchern – die Bemalung wurde gestoppt und sollte wieder verschwinden. Mittlerweile haben sich alle etwas beruhigt und die Befürworter durchgesetzt. Die originelle Fassadenkunst wurde fertiggestellt und kann bleiben.

Grün und mondän: Altbauparadies Wiehre

Der Name Wiehre leitete sich von dem mittelhochdeutschen »wuor« ab, was Wehr oder Damm bedeutet. Dies zeigt, dass hier schon in frühester Zeit fleißige Hände das Wasser des Kronenmühlenbachs und der Dreisam durch den Bau von Däm-

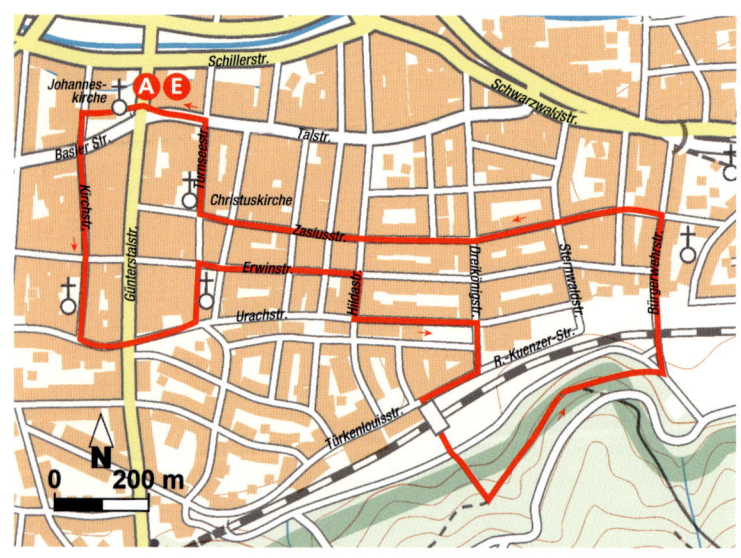

■ **Kunst am Bau: buntes Graffitihaus in der Wiehre**

men regulierten, um Mühlen anzutreiben und im Hochsommer genügend Wasser für die Felder zu haben. Die Wiehre wird erstmals 1008 in einer Urkunde des deutschen Königs Heinrich II. als Siedlung im Gebiet des ehemaligen Dorfes Adelhausen erwähnt. Auf Grund ihrer Lage wurde sie bei fast jedem Angriff auf Freiburg verwüstet und später von den Habsburgern zum Schussfeld gegen die heranrückenden Franzosen erklärt. Trotz allem kehrten die Bewohner wieder zu ihren Ruinen zurück und ließen ihren Ort samt Kirche, im Gegensatz zum Dorf Adelhausen, wiedererstehen. Im Jahr 1825 wurde der Flecken nach Freiburg eingemeindet. Durch die nutzbare Wasserkraft prägten zunehmend kleine Manufakturen und Gewerbebetriebe das Bild und für das neue Gaswerk wählten die Stadtväter den heutigen Johannesplatz. Mit dem 1871 abrupt einsetzenden Aufschwung nach der Reichsgründung war es mit der kleinbürgerlichen Idylle zwischen den Wasserkanälen vorbei. Zahlungskräftige Fabrikanten, Beamte und höhere Angestellte witterten hier ideale Baugründe für ihre Stadtvillen und bald darauf brachten heftige Bauaktivitäten die Häuschen am Annaplatz zum Vibrieren. Handwerker aus dem ganzen Umland schufteten von früh bis spät, um Straße für Straße mit villenartigen Miets- und Doppelhäusern zu bebauen. Zur Gestaltung der Hausfassaden verwendete man, ganz nach damaligem Bürgergeschmack, den typischen Stilmix aus

■ **Dörflicher Charme: der Annaplatz mit St. Cyriak und Perpetua**

der ganzen Bandbreite der Architekturgeschichte. Die Wiehre entwickelte sich bald auch zum bevorzugten Wohnort für Architekten und wurde so zum Stadtteil mit den meisten Jugendstilhäusern, denn Architekten legen besonderen Wert auf trendige Häuser – und Jugendstil war absolut »hip«. Bei den Planungen strebte die Stadt einen grünen Wohncharakter an. Vorgärten und Baumalleen waren Pflicht. Gerade diese Mischung aus viel Grün, ruhiger Lage und dekorativer Vielfalt gibt diesem gut erhaltenen Viertel heute seinen besonderen Charme. Ein Paradies für Altbaufans mit Geld.

Kurz bevor die Kirchstraße in die Lorettostraße mündet, öffnet sich auf der rechten Seite der stimmungsvolle **Annaplatz**. Kleine, fast dörfliche Wohnhäuser neben städtischen Mietshäusern aus der Gründerzeit umrahmen den stimmungsvollen Platz mit dem Sebastiansbrunnen und der alten Wiehre-Dorfkirche *St. Cyriak und Perpetua*. Der Hochaltar der bescheidenen barocken Kirche von 1756 stammt aus dem Jahr 1700 und stand ursprünglich in einer Festungskirche auf dem Schlossberg. In der **Lorettostraße** gehen wir nach links über die Günterstalstraße und kommen in die **Urach-straße**. Auf der linken Seite erscheint der »Betriebshof Süd«, das alte *Stadtbahndepot*, von dem aus ab 1901 elektrisch betriebene Stadtbahnen durch die Stadt und das Umland surrten. Hinter den Toren stehen noch historische Freiburger Stadtbahnen, die von den »Freunden der Freiburger Stadtbahn« in unzähligen freiwilligen Arbeitsstunden liebevoll instandgehalten werden und für regelmäßige Tram-Oldtimerfahrten genutzt werden. Wir biegen nun erst nach links in die **Turnseestraße** und folgen dann der **Erwinstraße** nach rechts.

Die vielen gründerzeitlichen Stadthäuser mit schönen Vorgärten sind für Altbaufans ein wahrer Augenschmaus. Weiter geht's nach rechts in die **Hildastraße**. Ein weiteres Eldorado aus steingewordenen Architekturfantasien. Das nach Plänen von Mathäus Vohl 1904 fertiggestellte Eckhaus Hildastraße 61, 63/ Erwinstraße 40 bezaubert durch seinen kunstvoll mit Kastanienblättern verzierten Jugendstilerker.

Am Ende der Straße befindet sich auf der rechten Seite die Gaststätte »Omas Küche« mit Biergarten. Auf der gegenüberliegenden Seite an der Ecke zur Urachstraße entdecken wir

■ **Beliebtes Altstadtparadies Hildastraße**

eines der auffälligsten Jugendstilhäuser im Quartier. Das exzentrische Wohnprojekt des Architekten und Eigentümers Mathäus Vohl von 1902 erstaunte selbst die den neuen Stil gewohnte Nachbarschaft. Im Eckgiebel kreierten Bildhauer eine überdimensionale Fratze. Ihr Mund entsteht durch ein kleines Rechteckfenster und der heute etwas verwitterte Torso umfasst zwei Rundbogenfenster des Balkons. Auch sonst warten auf den Besucher bizarre Besonderheiten. Am Haupteingangstor grüßen zwei lachende Gnome. An der Hausfassade erspähen wir zwischen Fliederbüschen ägyptische Frauenköpfe, groteske Profilköpfe mit Widderhörnern und missmutig dreinschauende Greisenköpfe. Das einst hochmoderne Domizil besaß von Anfang an eine Zentralheizung,

und jede Wohnung verfügte über ein eigenes Bad und Toilette, damals der absolute Luxus. Sein eigenwillig geschwungenes Turmdach wurde leider dem Zeitgeist geopfert.

In der **Urachstraße** stoßen wir auf den *Alten Wiehrebahnhof* mit Café, der heute vor allem für alternative Kunstprojekte genutzt wird. Die alte Höllentalbahn wurde 1933/1934 aus Platzgründen weiter in den Süden verlegt. Das Bahnhöfle aber ließ man stehen, und die alte Bahntrasse südlich der Urachstraße ist noch gut zu erkennen. Auf dem Platz davor findet allwöchentlich ein Bauernmarkt statt, und dienstagabends trifft sich hier Freiburgs Tango-argentino-Szene zum »Turnschuh-Tango«. Wir halten uns links und gehen weiter bis zur Kreuzung mit der **Dreikönigstraße.** Dort spazieren wir diese nach rechts bis zur **Türkenlouisstraße** und folgen ihr nach rechts. Gleich nach der Kurve biegen wir in den Fußpfad links ein und gelangen über eine Brücke auf die andere Gleisseite. Wir folgen nun dem mit einem gelben Rautenzeichen gekennzeichneten Weg erst bergauf und dann nach links bis zum *Wasserschlössle*. Von diesem 1895 im romantisierenden burgähnlichen Stil gebauten Wasserreservoir, das vom Volksmund wegen seiner feudalen Architektur bald geadelt wurde, hat man einen wunderbaren Blick über die Stadt. Das Kuriosum: Der Architekt hatte sich die märchenhaften Formen der

■ **Frühlingsstimmung am Wasserschlössle**

■ **Zasiusstraße im Glanz der Belle Époque**

Blendfassade von einem Stadtsiegel der Zähringer aus dem 13. Jahrhundert abgeschaut.

Nun geht es auf dem Waldweg mit der gelben Raute weiter Richtung »Spielplatz Waldseestraße«. Direkt vor dem Spielplatz schwenkt der Pfad nach links und führt uns hinunter zur **Bürgerwehrstraße**. Wir folgen dieser Straße stadteinwärts bis zur **Zasiusstraße** und halten uns links. Der Weg führt uns bald wieder an Stadtvillen und Mietshäusern mit dem um 1900 typischen Stilmix aus allen Epochen vorbei. Es lohnt sich immer wieder, auch einen Blick in eine der Seitenstraßen zu werfen. Das ganze Viertel ist eine architektonische Schatzkiste.

Eine besondere Augenweide für Jugendstilfans sind die Häuser an der Kreuzung mit der Dreikönigstraße. Das 1902 nach Plänen des Architekten Mathäus Vohl entstandene Gebäude Zasiusstraße 63 besticht durch seine schön gestalteten Balkongeländer und den schwungvoll geschmiedeten Gartenzaun. Die kurz danach gebauten Nachbarhäuser Dreikönigstraße 21-25 mit herrlichen Jugendstildetails bilden einen starken Kontrast zu den »maurischen« Bauten gegenüber, die um 1894 entstanden sind. Am Doppelhaus Zasiusstraße 46/48 stützt ein fleißiger Wicht den oberen Teil der gemeinsamen Brandmauer. Weitere Highlights sind die Häuser Zasiusstraße 49 bis 53. Sie bestechen durch geschwungene Jugendstilbalkongeländer und Gartenzäune. Weitere stilvolle, in verschiedenen Farben gestrichene Häuser finden wir in der Zasiusstraße 54 bis 66, die mit ihren hübschen Balkonen zwischen 1902 und 1907 entstanden sind. An der Kreuzung Brombergstraße lohnt sich ein kurzer Abstecher nach rechts. Die Fassade des 1905 gebauten Hauses Nr. 23 fasziniert durch sein eigenwilliges Jugendstilportal.

Zwischen stilisierten Ästen und Laub bewachen zwei mit ernster Miene dreinblickende Gesichter mit Schnurrbärten den Eingang. An der evangelischen *Christuskirche* biegen wir wieder nach rechts in die **Turnseestraße** ein. Die Christuskirche

wurde 1889 bis 1890 gebaut, zehn Jahre vor der katholischen Johanneskirche. Während des Dritten Reiches war sie in Gestalt des Pfarrers Hermann Weber von der Bekennenden Kirche ein wichtiges Zentrum des leider nicht allzu großen Widerstandes gegen das Naziregime. Zusammen mit einigen Professoren, fast alles Bewohner der Wiehre, nahm hier ab 1938 die Widerstandsgruppe »Freiburger Kreis« ihre konspirative Arbeit auf.

Wir passieren die Turnseeschule und kommen in die **Talstraße**, die uns wieder zum Ausgangspunkt führt.

■ **Jugendstilportal in der Brombergstraße**

TOUR 6 HANSEATEN, WALLFAHRT, HEXENHÄUSLE

Von der Unterwiehre zum Lorettoberg

Tourbeginn und -ende:
Stadtbahnhaltestelle Lorettostraße (Linie 2) in der Günterstalstraße

Streckenlänge: *circa 1,2 Kilometer, zum höchsten Baum insgesamt circa 3,7 Kilometer*

Höhenunterschied: *58 Meter*

Einkehrmöglichkeiten: *Schloss-Café auf dem Lorettoberg, Café Heitzmann, Lorettostraße 34*

Diese charmante Rundwanderung führt uns von der Unterwiehre hoch zum mondänen Lorettoberg mit seinen vielen schönen Aussichtspunkten.

Wir beginnen die Tour an der Stadtbahnhaltestelle Lorettostraße und spazieren die **Günterstalstraße** stadtauswärts. An der Kreuzung mit der **Lorettostraße** halten wir uns rechts und erreichen nach gut 200 Metern die kreuzende Goethestraße. Teile dieser vornehmen Chaussee wurden um 1890 durch wohlhabende Hanseaten besiedelt.

Sie waren aus dem cholerageplagten Hamburg geflohen und gründeten hier eine »norddeutsche Kolonie«. Die Stadtherren waren damals auf den Zuzug von Großbürgern erpicht, und so kam der Schwung reicher Hanseaten wie gerufen.

Auf der gegenüberliegenden Seite der Lorettostraße erinnert eine Steintafel am Haus Goethestraße 63 daran, dass es für einige Jahre das Refugium der jüdischen Philosophin Edith Stein war. Sie arbeitete damals für den berühmten Wahl-Freiburger, Philosophen und Mathematiker Edmund Husserl. Der jüdische Professor hatte die Ehrendoktorwürden der Universitäten London, Paris, Prag und Boston und gilt als einer der einflussreichsten Denker des 20. Jahrhunderts. Bis zu seiner Vertreibung 1937 lebte er im Haus Lorettostraße 40. Kurz zuvor hatte man ihm die Lehrbefugnis an der Universität entzogen und ein Jahr später verstarb der 79-Jährige in Freiburg. Bei der Trauerfeier ließ sich von seinen Professorenkollegen nur der Historiker Gerhard Ritter blicken. Ritter war Anhänger der Bekennenden Kirche und Mitglied des Freiburger Kreises (siehe Tour 5).

Wir folgen dem Verlauf der Lorettostraße bis zur Kreuzung mit der Mercy-/Schwimmbadstraße und sehen links das Dach des traditionsreichen Lorettobades.

Das Lorettobad und seine streitbaren Frauen

Mit seinem stolzen Baujahr 1840 ist das »Lollo« das älteste deutsche Freibad und es konnte äußerlich viel von seinem alten Charme bewahren. Heute wie damals gibt es ein streng abgetrenntes Damenbad, dessen be-

geisterte Besucherinnen sich bisher allen Versuchen einer Vereinigung mit dem gemischten Familienbad widersetzt haben. In den letzten Jahren geriet die Atmosphäre allerdings aus dem Lot und das »Lollo« immer wieder in die Schlagzeilen. Mehr und mehr strenggläubige Muslimas, vor allem aus dem Elsass und der Schweiz, entdecken das kleine Damenbad, was zu teils heftigen Disputen mit ruhesuchenden Freiburgerinnen und männlichen Bademeistern führte und führt. Seither gab es immer wieder Initiativen und Aktionen von Seiten der Stadt, bisher mit wenig Aussicht auf Erfolg. Und

■ **Gründerzeitlicher Flair: Eingangsbereich zum Lorettobad**

■ **Geschnitzte Sehnsucht nach Heimat: Chalet Wittmer**

die spannungsgeladene Enge nimmt weiter zu, auch weil inzwischen das Basler Frauenbad die Mitnahme von Kindern und das Tragen von weiten Burkinis verboten hat und es kein Frauenbad auf der französischen Seite gibt.

Wir biegen nach links in die **Mercystraße** ein und folgen nach wenigen Schritten dem rechts hochführenden **Bergleweg** Richtung Lorettokapelle. Gleich in der nächsten Kurve steht auf der rechten Seite das pittoreske *Chalet Wittmer*, wegen seiner üppigen Holzverzierungen auch als »Hexenhäusle« bekannt. 1887 war das einstige Fertighaus das Schmuckstück auf der Oberrheinischen Gewerbeausstellung, und nach dem Ende der Veranstaltung wurde es hier wieder aufgebaut. Solche Häuser im Schweizerstil waren damals en vogue – ein romantisches Gegenbild zu den allerorts entstehenden qualmenden Industrievierteln.

Nach einem kurzen Fußmarsch auf dem waldigen Weg erreichen wir oben die *Lorettokapelle* und das

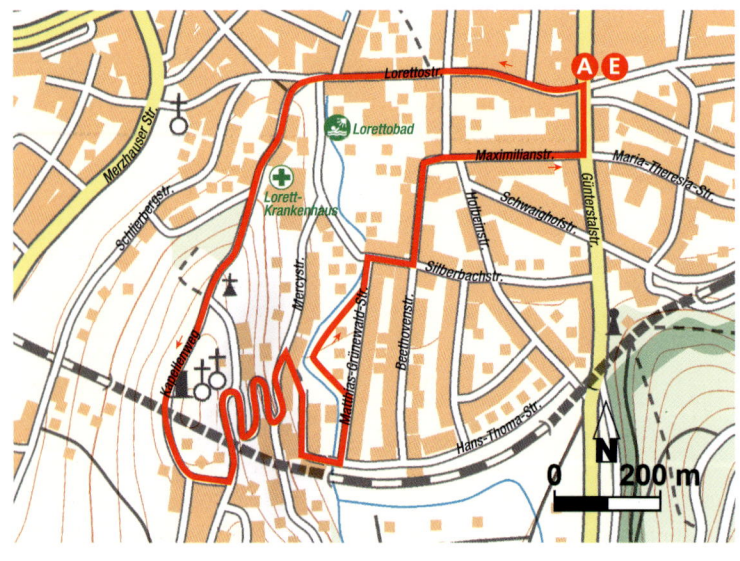

■ **Deutsche Burgenromantik am Lorettoberg: der Hildaturm**

Schloss-Café mit seiner großen Aussichtsterrasse. Für eine Verschnaufpause ein idealer Platz mit herrlichem Ausblick.

Krieg und Frieden am Lorettoberg

Auf dem Schlierberg befand sich im Mittelalter ein großer Steinbruch, mit dessen Steinen das Freiburger Münster gebaut wurde. Kriegerische Zeiten erlebte der Berg, als es während des Dreißigjährigen Krieges im August 1644 zur entscheidenden Schlacht zwischen dem bayrischen Heer, unterstützt durch Weimarer Truppen unter Feldmarschall Franz von Mercy, und den Franzosen kam. Dabei soll der Freiburger Ratsherr Christoph Mang gelobt haben, im Falle eines deutschen Sieges eine Kapelle zu stiften. Den Bayern gelang es schließlich unter schweren Verlusten, die Franzosen zum Abzug zu zwingen, und 13 Jahre später löste Mang sein Versprechen ein. Der Ratsherr wählte dafür eine Kopie des Wallfahrtsheiligtums von Loreto bei Ancona in Italien und bald sprach man nur noch vom Lorettoberg. Das Kirchlein entstand in Form von drei kleinen zusammenhängenden Kapellen, die dem heiligen Joseph, der Gottesmutter Maria und der heiligen Anna geweiht wurden. Auch bei den Bemalungen orientierte man sich streng am italienischen Vorbild.

Oberhalb der Kapelle führt uns der mittlere Fußweg Richtung *Hildaturm*. Der 1886 im Stil eines mittelalterlichen Bergfrieds erbaute, fast 20 Meter hohe Aussichtsturm wurde anlässlich der Hochzeit des

■ Stadt- und Schlossbergblick in der Mercystraße

badischen Erbgroßherzogs Friedrich II. mit Hilda Wilhelmine von Nassau errichtet. Der 1939 seiner Spitze beraubte und im heutigen Mobilfunkzeitalter durch eine lange Antenne etwas verunzierte Turm ist von April bis September an bestimmten Wochentagen offen, wobei der Aufstieg etwas abenteuerlich ist.

Vor dem Turm folgen wir dem Weg rechts hinunter in den **Kapellenweg**, wo wir uns links halten. Nach ein paar Schritten bekommen wir schöne Ausblicke auf den Stadtteil Vauban mit der bunten Solarsiedlung. Dahinter ist der 645 Meter hohe Schönberg und rechts das weite Rheintal mit den Vogesen im Hintergrund. An der nächsten Kreuzung halten wir uns links und folgen der **Mercystraße**, dem wohl

teuersten Pflaster Freiburgs. Befänden wir uns im Spiel »Monopoly«, wären wir jetzt in der »Schlossallee« angekommen. Hier reiht sich, in genügendem Abstand versteht sich, eine mondäne Villa an die andere. Man wählte für diese Domizile auch angesehene Architekten aus Karlsruhe, Bremen oder Frankfurt. Zwischen den üppigen Gartenanlagen bieten sich von der in Serpentinen talabwärts führenden Straße immer wieder wunderbare Ausblicke auf Stadt und Schwarzwaldhöhen.

Nach einigen Schritten biegen wir in den **Roßhaldenweg** rechts ein und folgen ihm hinunter bis in die **Matthias-Grünewald-Straße**. Wir halten uns links und folgen an der Litfaßsäule dem Hölderlebach durch eine parkähnliche Aue. Oberhalb sehen wir an den Hölderlewiesen weitere imposante Gebäude wie das der nahe am Bach liegenden *Evangelischen Fachschule für Sozialpädagogik*. Die einstige Villa wurde 1908 vom Architekten und Sohn des berühmten Universitätsmedizinprofessors gleichen Namens Albert Schinzinger gebaut und bewohnt. Eine etwas schillernde Persönlichkeit, denn in den Adressbüchern nannte er sich erst »Hauptmann«, dann »Major«, später »Hofrat und Professor« und schließlich »Kaiserlich Japanischer Konsul«. 1920 zog er mit seiner Familie nach Berlin und verscherbelte das Anwesen, das später auch zum japanischen Konsulat »Kirschblüte« wurde. Nach Erreichen der Straße gehen wir nach links in die **Silberbachstraße** weiter und halten uns dort rechts bis zur **Beethovenstraße**, einer weiteren wunderschönen Wohnstraße, in die wir links einbiegen. Ein paar Schritte und wir sind auf dem heimeligen **Goetheplatz** angelangt.

Von hier geht es nach rechts durch die **Maximilianstraße** mit einigen eleganten Jugendstilvillen. Nach 150 Metern erreichen wir wieder die **Günterstalstraße**, in der wir nach links zurück zum Ausgangspunkt gelangen.

■ **Frühlingszauber in der Maximilianstraße**

Von der Wonnhalde nach Günterstal

Tourbeginn: *Stadtbahnhaltestelle »Wonnhalde (Linie 2) in der Schauinslandstraße*

Tourende: *Günterstal, Stadtbahnhaltestelle Klosterplatz (Linie 2) (in Kombination mit Tour 8 kann die Tour wieder an der Wonnhalde beendet werden)*

Streckenlänge:
3,7 Kilometer / 5,2 Kilometer

Höhenunterschied:
120 Meter / 210 Meter

Einkehrmöglichkeiten:
Gastronomie in Günterstal, Verein für Gartenfreunde am Tourbeginn, Café WaldHaus, geöffnet an Sonn- und Feiertagen

Diese beschauliche Tour führt uns zum alten Klosterstadtteil Günterstal, und wir streifen durch ein herrliches Naturgebiet mit denkwürdigen Orten und hohen Bäumen.

Wir starten an der Stadtbahnhaltestelle Wonnhalde und gehen durch die **Wonnhaldenstraße**. Am beliebten Biergarten des Vereins für

■ **Einst Treffpunkt von Welt: das Rebhaus der Familie Lasker**

Gartenfreunde vorbei erreichen wir den Bohrerbach. Jenseits der Brücke liegt das Gelände der Forstwirtschaftlichen Versuchs- und Forschungsanstalt. Wenig erinnert daran, dass sich hier einmal der gesellschaftliche Mittelpunkt Freiburgs befand.

Treffpunkt von Adel, Großbürger und Bohème: Hotel Rebhaus

Der jüdische Fabrikant Daniel Lasker eröffnete hier 1891 sein Kurhotel Rebhaus. 1902 wurde neben dem exotischen Garten des Nobelhotels ein großer Glaspavillon errichtet, der sich mit seinen extravaganten Shows bei der feinen Gesellschaft bald großer Beliebtheit erfreute. Die Gästeliste glänzte mit bekannten Namen wie den Mountbattens und den Harrisons aus dem britischen Empire, und auch international bekannte Fabrikanten und Künstler, etwa Angehörige des Bolschoi-Balletts, waren regelmäßige Gäste. Das Rebhaus war auch ein gern besuchter Ort von Else Lasker-Schüler, einer der bedeutendsten deutschen Dichterinnen und Verwandten der Eigentümer. Nach der »Machtergreifung« musste die Familie Lasker fliehen, und das Hotel erlebte seinen Niedergang. Die Glashalle wurde 1951 abgerissen, später wurde dort die Forschungsanstalt gebaut. Der Hotelbau ist heute ein Wohnheim der Caritas.

Wir folgen dem Fußweg vor dem Bach mit herrlichem Ausblick nach links bis zum Waldparkplatz mit

■ **Umweltbildungsstätte Stiftung WaldHaus**

der Umweltbildungsstätte *Stiftung WaldHaus*. Hier werden viele Seminare und Ausstellungen veranstaltet, um Menschen das Ökosystem Wald näherzubringen. Direkt oberhalb befinden sich die dazu gehörige Grünholzwerkstatt und aus Holz geschnitzte Waldmenschen, die man sich nicht entgehen lassen sollte. Daneben führt uns der Schotterweg **Luisenfahrstraße** hoch zur Thuja- und Zedernhütte und der Freiburger Klimapflanzschule, einem aktuellen Projekt der Stiftung WaldHaus. Die Hütten sind Teil des ausgedehnten Freiburger *Stadtwald-Arboretums* um Günterstal.

Seit dem 19. Jahrhundert bis heute pflanzten hier Förster und Waldarbeiter mehr als 1300 Baum- und Straucharten, darunter auch zahlreiche botanische Raritäten aus 60 Ländern und fünf Kontinenten. Es gilt heute als eines der größten Arboreten Deutschlands.

An der nächsten Gabelung folgen wir dem Waldweg links hoch, vorbei am Pirschpfad bis zum geschotterten Waldweg. Wir halten uns links, folgen der Waldfahrstraße (gelbe Raute) und später dem Schild »Zum höchstem Baum Deutschlands«, wobei wir auf ungefähr gleicher Höhe bleiben. Zwischen japanischen Sicheltannen, chinesischen Tulpen-Bäumen und natürlich auch heimischen Baumarten haben wir immer wieder kurze Ausblicke auf Freiburg und später auf Günterstal. Nach dem Eibenbrunnen wandern wir unterhalb eines Mammutbaumwäldchens und erreichen bald einen schönen Aussichtspunkt. Hier reichen die Wiesen von Günterstal bis an den Wegesrand, so dass man einen freien Blick über das Tal hat. Kurz danach hören wir das Plätschern des *Marxenbrunnens*. An einem mit Kieselsteinen, Muscheln und Seepferdchen geschmückten Brunnenstein rinnt das Wasser aus dem bärtigen Mund eines Neptungesichts in das Becken. Der in ehrenamtlicher Arbeit aufwändig restaurierte Jugendstilbrunnen mit azurblauen Steinen ist ein unerwartetes Kleinod mitten im Wald.

Um 1900 war dieser Brunnen Teil eines umfassenden Planungskonzepts des damaligen Oberbürgermeisters Winterer, um möglichst viele finanzkräftige Bürger nach Freiburg zu locken. Dafür wurden

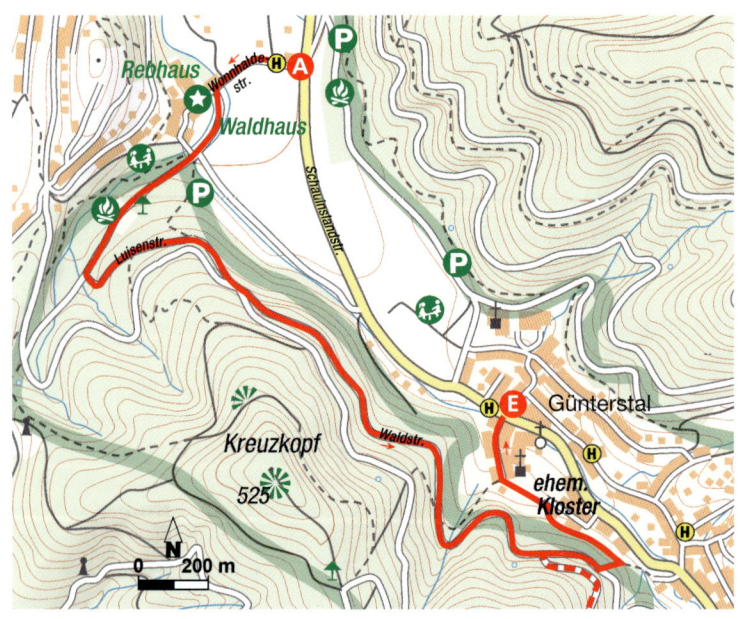

Wer sich für die anstrengendere Variante entscheidet, der steht nach stetig aufsteigenden Wegbiegungen mit einem Male vor der *Waldtraut vom Mühlwald*. 1913 kam sie als Setzling von der nordamerikanischen Westküste hierher und gilt heute mit rund 67 Metern Höhe als der höchste deutsche Baum. Man wundert sich vielleicht, dass diese schlanke Konifere zwischen all den anderen hohen Bäumen der höchste Baum sein soll, und zweifelt womöglich, ob diese amerikanische Douglasie mit ihrem Namen »Waldtraut« so ganz happy ist. Sie gesehen zu haben, ist aber trotzdem ein befriedigendes Gefühl, das den Aufstieg lohnt. Wer diese positive Emotion ausgiebig genossen hat, muss nun den gleichen Weg wieder bis zum Brunnen zurückwandern und folgt dort, wie zuvor die bequemeren Wanderer, dem ausgeschilderten Wanderweg links runter nach *Günterstal*.

■ **Die Ausstellung Waldmenschen am WaldHaus**

überall Kutschenfahrwege mit Bänken, Aussichtspunkten und eben auch schön gestalteten Brunnen für die Pferde angelegt.

An der nächsten Gabelung müssen wir uns entscheiden, ob wir dem verlockenden Hinweisschild zu Deutschlands höchstem Baum über den **Illenberg**- und **Mühlwaldweg** folgen möchten oder doch lieber den kurzen Weg nach Günterstal wählen.

Klösterliches Günterstal

Der südlichste Stadtteil von Freiburg wurde zur Zeit Karls des Großen 804 erstmals als »Gundherrerhuisr« erwähnt. Rund 300 Jahre später erschien der Name wieder als »Guntheristal«. Um 1221 schenkte hier ein Adeliger seiner Tochter Grund und Boden, die daraufhin mit anderen Frauen dort eine kleine klösterliche Gemeinschaft gründete. Das 1224 erstmals in Urkunden erwähnte Kloster schloss sich bald darauf dem Orden der Zisterzienserinnen an. Durch seine einsame Lage wurde es aber immer wieder geplündert und verwüstet. Von 1728 bis 1738 ließen die Nonnen den altmodisch gewordenen gotischen Klosterkomplex abreißen und durch den jetzigen Barockbau nach Plänen von Peter Thumb ersetzen. Bereits 70 Jahre später wurde der Konvent durch Napoleon aufgelöst, und für die Gebäude begannen wechselhafte Zeiten. Einen Tiefpunkt seiner Geschichte erlebte das Kloster im Jahr 1829, als die Klausurgebäude

■ **Ehemaliges Zisterzienserinnenkloster Günterstal**

Von der Wonnhalde nach Günterstal

■ **Mediterraner Flair: Garten des Klosters St. Lioba**

in Flammen aufgingen. Rasch erfolgte der Wiederaufbau der Anlage, die zunächst als Brauerei und dann als Waisenhaus genutzt wurde. Seit 1901 zwängen sich die Stadtbahnen durch das alte Klostertor. Mit der klösterlichen Abgeschiedenheit war es nun endgültig vorbei, denn die rumpelnden Eisenwagen brachten dem Örtchen durch seine schöne Lage viele erholungsbedürftige Touristen. Gaststätten und Pensionen öffneten ihre Pforten. Gleichzeitig entwickelte sich Günterstal zu einem begehrten Wohnstandort für betuchte Freiburger. So entstand 1906 bis 1910 am nördlichen Ortsrand eine prächtige Villa mit

Garten im toskanischen Stil. Infolge inflationsbedingter finanzieller Probleme musste der Jurist August Wohlgemut seinen einzigartigen italienischen Schwarzwaldpalazzo bereits 1927 wieder verkaufen. Kurz danach zogen schwarz gewandte Damen in die Villa ein, die seither als Benediktinerinnenkloster St. Lioba bekannt ist. Das dreigeschossige überdachte Atrium mit Säulenumgängen verwandelte sich zum Oratorium. Aus dem vornehmen Wohnsalon wurde der Rekreationsraum, aus der Bibliothek die Sakristei, der Speiseraum mit Gartenhalle wurde zum Refektorium und das Zimmer von Frau Wohlgemuth, die als Tochter der Garnfabrikanten-familie Merz das nötige Kleingeld in die Ehe eingebracht hatte, wurde das Beichtzimmer. Heute leben dadurch wieder Nonnen in Günterstal, deren – trotz der feudalen Umgebung – bescheidenes Leben zwischen morgendlichen Laudes und abendlicher Komplet ganz auf soziale Dienste und Gebet ausgerichtet ist.

Das Kloster war auch für die Breslauer Philosophin Edith Stein ein wichtiger Anlaufpunkt in ihrer Freiburger Zeit. So schrieb sie in ihrem Tagebuch: »Vor dem Eingang zum Dorf liegt am Waldrand, etwas erhöht, ein großes Haus im reinsten italienischen Stil. Der fremdartige Anblick fällt jedem sofort in die Augen. Die Stadtbahnschaffner sagten einem, es sei die Wohlgemuth'sche Villa. So oft man vorbeikam, wünschte man sich, in dieses verschlossene Paradies einmal eintreten zu dürfen. Es sollte mir aber später lieb und vertraut werden, als es in den Besitz der Liobaschwestern übergegangen war.«

Der Klosterladen ist Dienstag bis Samstag 10 bis 12 Uhr und 14:30 bis 17 Uhr geöffnet. Der Kräutergarten kann täglich von 9 bis 12 Uhr und 14.30 bis 20 Uhr besichtigt werden (www.kloster-st-lioba.de).

Etwas weiter unten gelangen wir an eine Wegkreuzung. Wir nehmen den linken Waldweg, der uns oberhalb der Klostermauer bis in die **Hirschstraße** führt. Dort passieren wir eine Reihe hübscher Wohnhäuser, die in verschiedenen Farben angestrichen wurden. Sie wurden im 18. und 19. Jahrhundert an die Klostermauer angebaut.

Unten am Torplatz angekommen, erreichen wir das barocke Klostertor, durch das sich heute der ganze Verkehr hindurchzwängen muss, inklusive Stadtbahnen. Von hier kann man gemütlich durch Günterstal schlendern. Hier gibt es auch mehrere Einkehrmöglichkeiten.

Zur nächsten Stadtbahnhaltestelle (Klosterplatz) geht es rechts durch das Tor. Von dort kann man mit der Tram wieder zum Ausgangspunkt Wonnhalde zurückfahren. Wer wieder zurückwandern möchte, dem sei Tour 8 empfohlen.

■ **Perfekte Maße: barockes Klostertor von Günterstal**

Von Günterstal über St. Valentin in die Unterwiehre

Tourbeginn: *Günterstal, Stadtbahnhaltestelle Klosterplatz (Linie 2)*

Tourende: *Stadtbahnhaltestelle Holbeinstraße (Günterstalstraße) oder Wonnhalde (Schauinslandstraße) (beides Linie 2)*

Streckenlänge: *4,3 Kilometer*

Höhenunterschied: *180 Meter*

Einkehrmöglichkeiten:
Gastronomie in Günterstal, St. Valentin

Diese erfrischende Wald- und Wiesenwanderung führt uns durch lauschige Schwarzwaldhänge zu der zauberhaften Einkehrklause St. Valentin.

Wir beginnen die Tour an der Stadtbahnhaltestelle Klosterplatz und folgen dem Wanderzeichen nach St. Valentin. Es geht nun leicht bergauf über die **Dorfstraße** bis zur **Kybfelsenstraße**, in der wir uns rechts halten. Bald darauf erscheint auf der linken Seite ein hübscher Brunnen vor einem schmucken ehemaligen Bauernhaus.

■ **Lauschiger Winkel: altes Bauernhaus in der Valentinstraße**

■ **Bezaubernd und beliebt: St. Valentin und seine Pfannkuchen**

Hier biegen wir nach links und
folgen der **Valentinstraße** bergauf.
Nach einigen Schritten kommen wir
an einem der letzten existierenden
Bauernhöfe von Günterstal vorbei.
Ein Schwarzwaldhof noch fast wie
aus dem Bilderbuch: die ausgeklü-
gelte und für Schwarzwaldhäuser
typische Konstruktion mit weit
überstehendem Krüppelwalm-
dach – ein guter Schutz vor Wol-

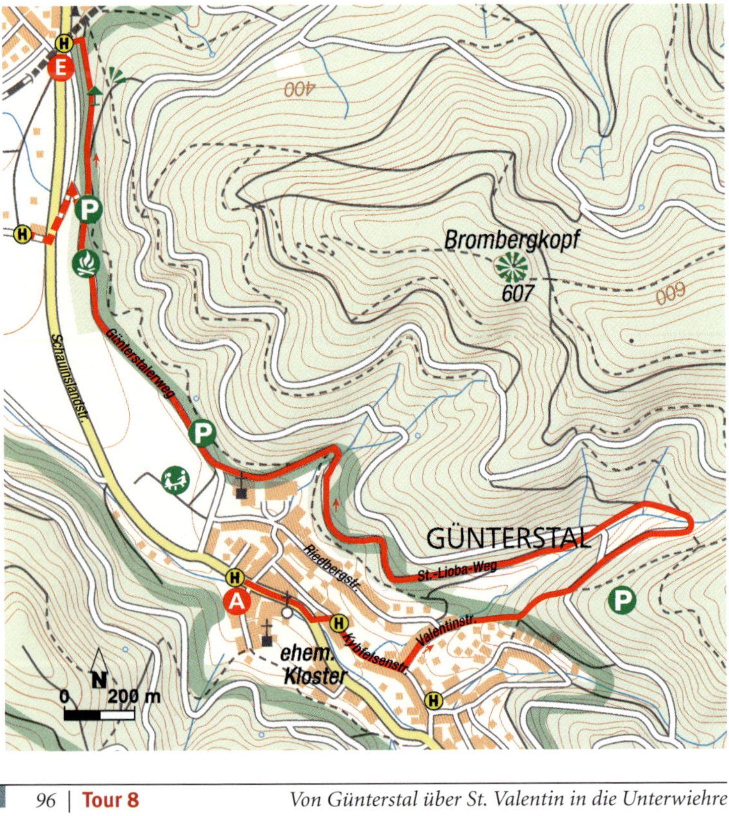

kenbrüchen und Schneelasten. Der Hof ist ein sogenanntes Einhaus, das unter dem großen Dach alles vereint: Menschen, Tiere und Erntegut. Typisch ist auch die vom Berg her über eine Rampe direkt in den Dachstuhl führende Hofeinfahrt, wodurch man das Heu bequem einlagern und zum Füttern in den Stall hinunterwerfen konnte.

Etwas weiter oben biegt die Straße nach links in die **Riedbergstraße,** und wir gehen den schmalen Fahrweg, später Fußweg, geradeaus hoch. An der nächsten Wegkreuzung halten wir uns links und folgen dem gelben Rautenzeichen durch den Wald bis nach *St. Valentin*. Die früher von Eremiten bewohnte Einsiedelei hat ihre Ursprünge im 14. Jahrhundert. Nach dem Tod des letzten Einsiedlers wurde St. Valentin 1789 von der Stadt Freiburg ersteigert und in ein Forsthaus umgebaut. Die alte Kapelle, einst Ziel zahlreicher Pilger, ist längst verfallen, aber seit der Ort in eine Kneipe umgewandelt wurde, zog und zieht er ganze Studentengenerationen in seinen Bann, die sich unter schattigen Bäumen an Wein oder frisch gezapftem Bier und den legendären Valentin-Pfannkuchen laben.

Der Weg führt nun oberhalb des Anwesens kurz in nordwestliche Richtung. Auf der anderen Seite des Baches wandern wir wieder talabwärts und spazieren auf dem **Brändenbergweg** mit interessanten Infotafeln zu Heilwirkungen von Bäumen, bis der ausgeschilderte **St.-Lioba-Weg** nach rechts abbiegt. Dieser Weg führt uns durch einen nördlichen Teil des Freiburger *Stadtwald-Arboretums*. Wer schon immer mal eine echte Pindrow-Tanne aus dem Himalaya, einen japanischen Katsurabaum oder eine türkische Apollo-Tanne mit eigenen Augen sehen wollte, kommt hier voll auf seine Kosten. Schautafeln entlang des Weges erläutern die unterschiedlichen Heilwirkungen einzelner Baumarten. Zwischen exotischen und einheimischen Bäumen und Sträuchern bieten sich immer wieder beschauliche Ausblicke auf Günterstal und die Berggipfel des Hochschwarzwaldes. Nach rund 700 Metern schwenkt der Weg nach links und es geht bergab. Ungefähr da, wo der gelbe Bau des

■ **Gedenkstein am Unteren Jägerbrunnen**

im italienischen Palazzostil erbauten *Klosters St. Lioba* (siehe Tour 7) auf der linken Seite erscheint, gehen wir am Linksschwenk des Hauptwegs den schmalen Waldweg geradeaus weiter. Wir folgen diesem Waldpfad immer in die gleiche Richtung leicht bergab, bis wir zum *Unteren Jägerbrunnen* (Jägerbrünnle) kommen. Wer einen gut ausgebauten Weg bevorzugt, wandert am Kloster besser den St.-Lioba-Weg runter ins Tal und folgt dem Günterstäler Weg nach rechts. An diesem Brunnen am Waldrand erinnern Gedenksteine an Soldaten und Freischärler, die hier am Ostersonntag 1848 beim Schusswechsel zwischen Regierungstruppen und Revolutionären getötet wurden.

Zwischen knorrigen Baumriesen wandern wir weiter stadteinwärts und erreichen nach einem Waldkindergarten ein ganz besonderes Highlight: den *Braunkohlewald*. Forstleute haben hier in einer großen Pflanzaktion die heute noch existierenden Baum- und Straucharten der Braunkohleentstehung angesiedelt. Eine Schautafel zu Beginn gibt nähere Informationen.

Die Braunkohlezeit begann im Tertiär vor 65 Millionen Jahren und endete vor 1,8 Millionen Jahren. Nach dem Schauwaldterrain führt an einer weiteren Infotafel ein kleiner Fußweg vor dem Grillplatz Silberdobel hinunter zur Stadtbahnhaltestelle Wonnhalde, dem Ausgangspunkt der Wanderung Nr. 7.

verliebt, radfahrend, frivol, verzaubert oder als röhrender Hirsch – die Fantasie der heimlichen Künstlerschaft ist grenzenlos. Anfangs wurde von städtischer Seite immer wieder versucht, das Pferdle in seinen mausgrauen Urzustand zurückzuversetzen. Nachdem dies aber nur sinnlos Kosten verursachte, ließ man dem inzwischen weit über die Grenzen Freiburgs hinaus bekannten Tierchen und seinen nächtlichen Besuchern den farbenfrohen Spaß. Durch die vielen Farbschichten geriet das Pferdle aber immer mehr aus der Form und wurde zum zotteligen Pony. Inzwischen wurde es »entblättert« und mit einem Schutzanstrich versehen.

Hier kann diese Tour beendet werden. Ansonsten geht die Tour weiter und wir kommen über den **Günterstäler Weg** zur **Günsterstalstraße**. Auf der linken Seite öffnet sich am Stadteingang ein kleiner Rasenplatz mit einer ganz besonderen Freiburger Attraktion.

Von hier erreicht man in wenigen Schritten die Stadtbahnhaltestelle Holbeinstraße, von der man mit der Stadtbahn wieder zurückfahren kann.

Bunte Attraktion: Freiburger Pferdle

Dieser 1936 von Werner Hugo Gürtner geschaffenen grauen Tierskulptur »Fohlen« verpassen unbekannte Künstler nun schon seit vielen Jahren sozusagen über Nacht die wildesten Farbanstriche. Mal leuchtet es knallbunt, dann wird das Pferdle aktiv gegen Studiengebühren und am nächsten Morgen ist es plötzlich ein Reh oder Zebra. Ob

■ **Das Holbeinpferd kurz vor seiner letzten großen »Entfärbung«**

Rundgang durch Freiburgs grüne Ideenschmiede Vauban

Tourbeginn und -ende: *Paula-Modersohn-Platz mit der gleichnamigen Stadtbahnhaltestelle (Linie 3)*

Streckenlänge: *2,5 Kilometer*

Höhenunterschied: *10 Meter*

Einkehrmöglichkeiten: *Cafés und Restaurants im Vauban*

Dieser spannende Rundgang führt uns durch das 38 Hektar große »Labor« der grünen Ideen und Utopien, den grünen Stadtteil Vauban mit seinen vielen zukunftsweisenden Wohnprojekten.

Startpunkt ist der **Paula-Modersohn-Platz,** und wir machen zunächst einen Abstecher in die nördliche Richtung zur Solarsiedlung und zum Heliotrop. Nach Querung der Merzhauser Allee am Fußgängerüberweg durchschreiten wir das bunte Wohn- und Geschäftsgebäude *Sonnenschiff*. Es ist mit seinen ausgedehnten Solardächern auf den schicken Penthouse-Wohnungen und hohen ökologischen

Baustandards das weltweit erste solare Dienstleistungszentrum in Plusenergie-Bauweise, das heißt, es wird mehr Energie produziert als verbraucht. Dahinter befindet sich auf der linken Seite die *Solarsiedlung*. Auch diese verkehrsberuhigte und stellplatzfreie Reihenhaussiedlung zeigt sich farbenfreudig und wurde mit ihren großflächigen Solardächern ebenfalls in Plusenergiebauweise erstellt.

Wir gehen hoch bis zur **Schlierbergstraße**, in die wir rechts einbiegen. Nach circa 150 Metern führt uns der **Schlierbergweg** links hoch zum *Heliotrop*, einem mit ausgefeilten Umweltschutztechniken ebenfalls in Plusenergiebauweise gebauten Turmhaus des Architekten Rolf Disch. Es ist im Privatbesitz und kann nur vom Weg aus besichtigt werden. Der 1994 erstellte Turm aus Glas und Stahl wurde mittlerweile mit mehreren Architekturpreisen bedacht. Die Sonnenenergie wird optimal ausgenutzt, da sich die Photovoltaikanlage durch Drehung des Wohnturms auf die jeweils bestmög-

■ **Zukunftsweisender Plusenergiebau: das Heliotrop**

liche Einstrahlrichtung einstellt. Der notwendige energetische Aufwand zum Drehen des Gebäudes soll in etwa dem Stromverbrauch eines Videorekorders im Stand-by-Betrieb entsprechen. Darüber hinaus wird das Regenwasser genutzt, es werden Trockenkomposttoiletten verwendet und das Abwasser wird mit einer eigenen Schilfkläranlage gereinigt.

Wir gehen den gleichen Weg wieder zurück zur **Vaubanallee**, die wir nun in die andere Richtung weiterspazieren.

Der neue Stadtteil am südlichen Stadtrand Freiburgs entstand ab 1995 auf dem Gelände der ehemaligen Schlageterkaserne der deutschen Wehrmacht, die ab 1945 von der französischen Armee übernommen wurde. Die Franzosen benannten sie nach dem französischen Festungsbaumeister Sébastien Le Prestre de Vauban, der Freiburg zur Zeit der französischen Besatzung Ende des 17. Jahrhunderts zur sternförmigen Festung ausgebaut hatte. Im Sommer 1992 wurde das Gelände der Forces Françaises en Allemagne (FFA) geräumt. Der Stadtrat beschloss, das Areal in ein Wohngebiet umzuwandeln und die Grundstücke zum entwicklungsunbeeinflussten Wert an Bauwillige zu veräußern. Ein Großteil der Kasernen wurde abgerissen. Einige Gebäude wurden durch Intervention der neu gegründeten Selbstverwalteten Unabhängigen Siedlungsinitiative »S.U.S.I.«

■ **Vauban: Pippi Langstrumpf und ihre neue Villa Kunterbunt**

zur Verminderung der damaligen Wohnungsnot in Freiburg erhalten, renoviert und in das »Studentendorf Vauban« umgewandelt. Alle Neubauten wurden nach strengen ökologischen Vorgaben errichtet. Es gibt einige Passivhäuser, darunter auch das erste Mehrfamilienpassivhaus in Deutschland. Zahlreiche Wohnungen werden durch ein mit Holzhackschnitzeln befeuertes Blockheizkraftwerk beheizt. Die Bevölkerungsdichte des Quartiers von 12 500 Einwohnern pro Quadratkilometer ist relativ hoch und entspricht etwa der Dichte in den Innenstädten vieler deutscher Großstädte. Einen großen Anteil der Be-

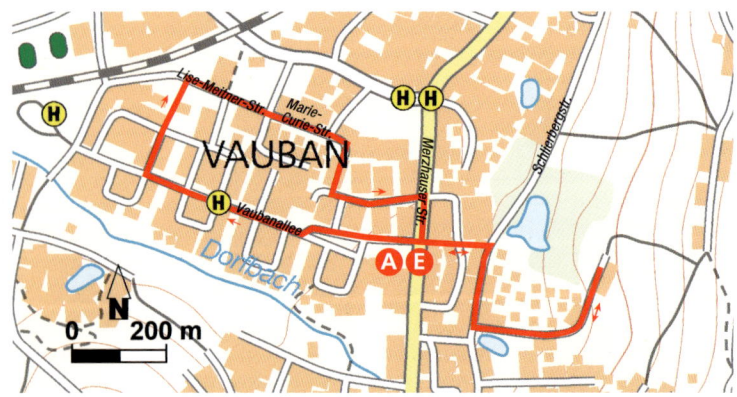

wohner im Vauban bilden Familien, die sich in Baugemeinschaften organisiert und oft mit viel Eigenleistung gemeinsam relativ kostengünstigen Wohnraum geschaffen haben. Geschäfte, Lokale und Werkstätten bilden eine gute Infrastruktur. Seit April 2006 verbindet die Stadtbahnlinie 3 das Viertel mit der Innenstadt, und es wurde ein weitgehend autofreies Verkehrskonzept entwickelt. Wer regelmäßig ein Auto nutzt, muss in einer der Sammelgaragen einen Stellplatz nachweisen, der rund 20 000 € kostet. Im Stadtteil selbst sollte der Wagen nur kurzfristig zum Be- und Entladen abgestellt werden. Viele Bewohner sind Carsharing-Nutzer. Wer kein eigenes Auto hat, muss über den »Autofrei-Verein« einen Stellplatznachweis erbringen. Dafür steht im Westen eine Fläche zur Verfügung, die bei Bedarf mit einem dritten Parkhaus bebaut werden könnte.

Über den neuen Stadtteil sind die Meinungen bei den Freiburgern geteilt. Für die einen ist es das »grüne Paradies«, in dem man mit Gleichgesinnten verschiedenste alternative Konzepte und Ideen verwirklichen kann. Andere sehen im Vauban auch etwas Sektiererisches, wo für andersdenkende »Normalkonsumenten« kein Platz ist. Es entbehrt auch nicht einer gewissen Ironie, dass ausgerechnet Freiburgs ökologischer Vorbildstadtteil nach einem Mann benannt ist, der mit diesem alternativen Leben wohl ziemlich auf Kriegsfuß gestanden wäre. Andererseits ist es sympathisch, dass auch im Vauban nicht alles so ganz politisch korrekt ist. Das neue Viertel ist auf jeden Fall eine interessante Ideenschmiede für zukunftweisende Entwicklungen im ökologischen Wohnungsbau.

Nach dem Studentendorf mit den alten Kasernengebäuden erreichen wir den **Alfred-Döblin-Platz**. Da hier jeden Mittwoch Markt ist, wird er auch als Marktplatz bezeichnet. Mit dem großen gelben Gebäude, dem 2007 eröffneten Stadtteilzentrum *Haus 037*, bildet er das Zentrum vom Vauban. Im Gebäude befinden sich Konferenzräume, Familienzentren, Ateliers – und ein Raum der Stille. Im Erdgeschoss des früher von den Franzosen als Offizierskasino genutzten Hauses hat das beliebte Restaurant Süden seine Pforten geöffnet.

■ **Ehemaliges Offizierscasino am Alfred-Döblin-Platz**

■ Villaban mit Radladen, Seminarräumen und der »Kantine«

Wir gehen die Vaubanallee rechts der Tram an den alten Lindenbäumen entlang weiter und kommen an Mehrfamilienhäusern in den unterschiedlichsten Formen und Farben vorbei. Ihre Außenhaut wird mal durch große Glasfassaden, mal durch Sichtbeton bestimmt. Häufig sieht man farbig angestrichene oder in Natur gehaltene Holzverkleidungen. Ab und zu kommen auch außergewöhnliche Materialien wie rostige Stahlplatten zum Einsatz. Immer wieder unterbrechen sogenannte

■ Mikroorganismen standen bei der Planung Pate: die Amöbe

Grünspangen die Wohnblöcke, die von verschiedenen Planungsbüros möglichst naturnah mit heimischen Pflanzenarten und Spielgeräten für Kinder angelegt wurden. Sie verbinden sich im Süden mit der grünen Aue des Dorfbachs.

Wir biegen nun die relativ breite Grünspange nach der zweiten Einfahrt der Kurt-Tucholsky-Straße mit Haus Nr. 38 rechts ein und folgen dem Fußweg bis zur **Paul-Klee-Straße**. Ein besonderer Blickfang ist das Haus Nr. 11 mit seiner farbenfrohen Fassadengestaltung sowie das »rostige« Haus Nr. 6. Vom Paul-Klee-Weg geht es nun nach rechts in die **Lise-Meitner-Straße**. Wir schlendern am Dienstleistungszentrum »DIVA«, einem ehemaligen Kasernengebäude mit zahlreichen Werkstätten, Büros, Praxen und Ateliers sowie am Parkhaus »Glasgarage« vorbei in die **Marie-Curie-Straße**. Gleich links sehen wir das gut an seinem Fassadenstilmix aus grauem Beton und knallroten Holzlatten erkennbare *Holz-Blockheizkraftwerk Vauban*.

Dahinter blitzt die bunte *Villaban* wie eine moderne Variante von Pippi Langstrumpfs Villa Kunterbunt hervor. Mit ihren zahlreichen Seminar-, Atelier-, Werkstatt- und natürlich auch Wohnräumen ist sie im Inneren genauso vielfältig wie ihre farbige Außenhaut. Im Erdgeschoss bietet die »Kantine« mit einer gemütlicher Gartenterrasse eine gute Möglichkeit für ein Päuschen.

Daneben steht ein weiterer Eyecatcher: in der geschwungenen Form eines Einzellers und mit Zedernschindeln verkleidete, die *Amöbe*. Sie wurde übrigens von der gleichen Architektengruppe konzipiert, von der auch die ganz im rechten Winkel gehaltene Villaban stammt.

Wir spazieren nach der Amöbe nach rechts bis zur **Heinrich-Mann-Straße**, wo wir uns links halten. Nun geht es vorbei zahlreichen alten, teilweise zu Wohnzwecken umgebauten Bauwagen und Lkw mit viel Graffiti, alternativen Wohnhütten und kreativen Ökogärten – ein starker Kontrast zum sonstigen Stadtteil.

In der **Merzhauser Allee** spazieren wir nach rechts vorbei am Gebäude der S.U.S.I. und kommen so wieder zum Ausgangspunkt, dem **Paula-Modersohn-Platz**.

■ **Gebäudetrakt der S.U.S.I.**

TOUR 10 KULTUR, KIRCHENBAU, KLIMPERKÄSTEN

Rundgang durch den Stühlinger

Tourbeginn und -ende:
Hauptbahnhof in der Bismarckallee, nächste Stadtbahnhaltestelle: Hauptbahnhof auf der Stühlinger Brücke (Linien 1, 3, 5)

Streckenlänge: *2,5 Kilometer*

Höhenunterschied: *5 Meter*

Einkehrmöglichkeiten:
Hauptbahnhof/Solarturm, Café Hermann, Gastonomie im Stühlinger

■ **Musentempel mit den tanzenden Kegeln**

Dieser interessante Rundgang führt uns durch den alten Arbeiterbezirk Stühlinger mit seiner bunten Lokal- und Kreativen-Szene. Wir starten am Hauptbahnhof und folgen der **Bismarckallee** Richtung neues *Konzerthaus*, das mit seinen filigranen Stützen und dem spitz zulaufenden Dach optisch die Ostseite des **Konrad-Adenauer-Platzes** beherrscht.

Disharmonien ums Konzerthaus

Die 1996 nach Plänen des Berliner Architekten Dietrich Bangert erbaute Kultur- und Tagungsstätte bildet zusammen mit einem Hotelkomplex und weiteren Neubauten ein neues urbanes Zentrum westlich der Altstadt. Die bronzenen »Tanzenden Kegel« der Künstlerin Andrea Zaumseil beleben die sonst kühle Atmosphäre des Platzes vor dem Haupteingang. Als architektonische Besonderheit enden die tragenden Säulen in einem lichtdurchlässigen Fensterkreuz. Der Architekt wollte so optisch eine Umkehrung des klassischen Säulenkapitells erreichen. Durch den in Licht getauchten obe-

■ **Hier fahren täglich bis zu 10 000 Fahrräder: Wiwilibrücke**

ren Säulenschaft soll der Eindruck einer leichten, fast schwebenden Architektur erreicht werden. Hinter der verglasten Front schließt sich ein großzügig konzipierter Foyerbereich mit dem großen, geometrisch streng geschnittenen »Rolf-Böhme-Saal« an. Er hat eine Kapazität von bis zu 1744 Plätzen, und es gibt darüber hinaus weitere Tagungsräume und den kleineren »Runden Saal« mit umlaufender Galerie für bis zu 350 Personen. In diesem Haus finden Konzerte, Ausstellungen, Empfänge und Bälle statt und es ist Hauptsitz des renommierten Sinfonieorchesters Baden-Baden und Freiburg. Bis zu seiner Eröffnung war das Großprojekt eines der umstrittensten Bauvorhaben in der Nachkriegszeit Freiburgs. Für Gegner war es ein »bürgerfremdes, gigantomanisches und zentralistisches Vorhaben des Späth-Kapitalismus«. Die Befürworter sahen darin einen wichtigen Impuls für die wirtschaftliche, politische und kulturelle Entwicklung der Stadt. Trotz Bürgerentscheids, bei dem die Gegnerschaft eine Mehrheit erreichte, und Prozessen bis vor dem Oberverwaltungsgericht wurde 1992 nach Überarbeitung der Pläne mit dem Bau begonnen.

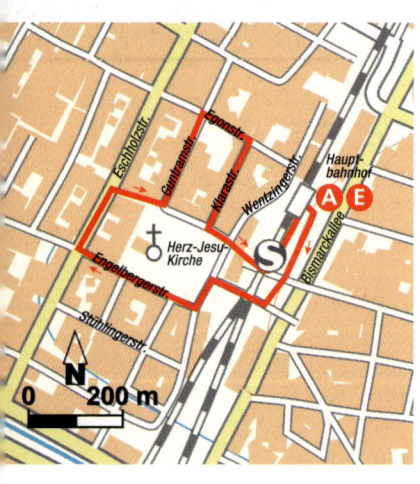

■ **Das Mahnmal »Vergessener Mantel« der Künstlerin Birgit Stauch**

Vom Konrad-Adenauer-Platz gehen wir über die über 100 Jahre alte **Wiwilibrücke** Richtung Westen.

Die einstige Straßenbahnbrücke, bei vielen auch als »Blaue Brücke« bekannt, ist heute eine reine Fußgänger- und Radfahrbrücke. Seit 2003 erinnert am Aufgang das bronzene Mahnmal »Vergessener Mantel« an die 450 jüdischen Bürger aus Freiburg und Umgebung, die hier in der Nacht vom 21. auf den 22. August

1940 zusammengetrieben und in neun Zügen ins südfranzösische Internierungslager Gurs deportiert wurden, wo viele ihr Leben verloren.

Direkt vor uns sehen wir die mit ihren grünen Doppeltürmen weithin sichtbare katholische *Herz-Jesu-Kirche* am **Stühlinger Kirchplatz**, die Ende des 19. Jahrhunderts dem Limburger Dom nachgestaltet wurde. Als Kuriosum kann man die jüngst bei Renovierungsarbeiten gefundene Nachricht des ehemaligen Bauleiters Max Meckel von 1896 bezeichnen. Er entschuldigt sich in diesem Schreiben, dass im Sockelmauerwerk der beiden Türme »gefrorener Kalk zum Mörtel« verwendet wurde, der dadurch seiner Meinung nach auch in Zukunft nicht aushärten wird. Trotz der von ihm prophezeiten Setzungen haben die Türme glücklicherweise die letzten 110 Jahre mitsamt dem Bombenangriff auf die Kirche im letzten Krieg gut überstanden. Hätte er das damals schon gewusst, wäre ihm wohl so manche schlaflose Nacht erspart geblieben.

Am Ende der Brücke fällt auf der rechten Seite das holzverkleidete rondellartige Gebäude mit der Aufschrift »Radstation« auf. Im Innern der *Radstation* aus dem Jahr 1999 befindet sich ein großer

■ **Eine runde Sache: die Radstation mit dem Café Hermann**

Fahrradverleih mit Werkstätten; es werden dort bis zu 1000 Fahrräder verwahrt. Im runden Innenhof mit der großen ovalen Photovoltaikscheibe auf dem zentralen Betonpfeiler des Lifts fühlt man sich wie in einem astronomischen Observatorium. Die großen Röhrenkollektoren an der Caféterrasse sind wie die Photovoltaikscheibe auch Teil der architektonischen Gestaltung und gleichzeitig Demonstrationsobjekt für die Kraft solarer Energie. Am Ende der Brücke biegen wir vor dem *Stühlinger Platz*, einer im Sommer belebten Liege- und Spielwiese, nach links in die **Wentzinger Straße** ein und halten uns in der **Engelberger Straße** wieder rechts. Vorbei am kleinen Park und dem monströsen Kirchenbau erreichen wir bald die stark befahrene **Eschholzstraße**, wo wir uns wiederum rechts halten.

Proletarischer Westen: der Stühlinger

Es qualmt aus allen Schloten, hinter den kleinen Fabrikfenstern hört man ratternde Maschinen surren, ab und zu erblickt man ein verhärmtes Gesicht. In den grauen Hinterhöfen der Mietshäuser spielen kleine Kinder mit zerschlissenen kurzen Hosen Fußball. So ähnlich sah wohl der Alltag um 1900 im Stadtteil Stühlinger aus. Zwischen der Zementwarenfabrik Brenzinger, der Seifensiederei, dem Elektrizitäts- und Gaswerk, den Welte-Werken und

der Pumpenfabrik Lederle lebten seit etwa 1880 vor allem Fabrikarbeiter und Tagelöhner. Bis 1870 sah man westlich des Hauptbahnhofes fast nur auf Wiesen und Felder und am Horizont leuchteten die roten Ziegeldächer der Bauernhäuser von Betzenhausen und Lehen. Mit der Ansiedlung der ersten Fabriken änderte sich dies rasant. Durch die vielen Arbeitsplätze zog es mehr und mehr Menschen in den Bezirk hinterm Bahnhof. Gleichzeitig siedelten sich durch die hier verfügbaren Arbeitskräfte weitere Werke an. Das Gaswerk in der immer feiner werdenden Wiehre versperrte den Platz für die geplante Johanneskirche und wurde kurzer Hand hierher verlegt. Da es kein historisches Dorf gab, legte man die Straßen zweckmäßig in Quadraten an. Eine Unterführung im Norden war lange die einzige Verbindung zur Freiburger Innenstadt, und so trennten die Bahngleise der Rheinbahn die bürgerliche Stadt fein säuberlich von ihrer proletarischen Vorstadt. 1885 schafft die neue blaue Eisenbrücke eine wichtige Tramverbindung in den abgehängten Arbeiterbezirk. Kurz danach wird in diese Achse die große Herz-Jesu-Kirche gebaut. Eine wichtige bauliche Aufwertung, nach der die ansässigen Handwerksmeister verstärkt in das Viertel investieren. Sie bauen nun hübschere Mehrfamilienhäuser, in denen sie oft auch selbst wohnen. Der Stühlinger wurde so optisch immer mehr zu einem Vorzeige-Arbeiterviertel. Rund siebzig Jahre später bahnt sich eine neue Entwicklung an: Infolge politischer und gesellschaftlicher Umbrüche verlieben sich plötzlich Studierende und intellektuelle Aussteiger in die schmuddeligen Hinterhöfe, die billigen Wohnungen und einfachen Arbeiterpinten. Alternatives Leben macht sich breit. Das Elektrizitätswerk an der Ferdinand-Weiß-Straße wird zum alternativen Kulturzentrum »E-Werk«. Nachdem die erste »Zuwanderergeneration« hier bewusst das einfache Leben suchte, entdecken ihre Kinder wieder den Hang zum komfortablen Wohnen. So leben heute hinter der alten Fassade des Mälzereigebäudes der Löwenbrauerei junge Bewohner in schicken Lofts und an Stelle der Pumpenfabrik Lederle entstand ein moderner Platz mit großverglasten Wohnungen. Am westlichen Rand schossen in den 1970er-Jahren Hochhäuser wie Pilze aus dem Boden. Der Stühlinger wird heute in drei Stadtbezirke gegliedert: Stühlinger, Stühlinger-Eschholz und Alt-Stühlinger.

Wir passieren die Hebelschule, die Hansjakob-Realschule und einige prächtige, aber etwas in die Jahre gekommenen Altbauten und sind bald in der **Wannerstraße**.

■ **Großstadtatmosphäre in der Wannerstraße**

Das imposante Jugendstileckhaus Wannerstraße 21/Eschholzstraße (Brasil) gilt mit seinen vertikalen und horizontalen Bauachsen als anschauliches Beispiel für »platzökonomisches« Bauen am Ende der industriellen Revolution. Auf relativ kleinen Grundstücken versuchte man neben dem großen Gastraum im Erdgeschoss ein Maximum an Wohnraum unterzubringen. Nun geht es durch die belebte Wannerstraße mit gemütlichen Cafés und kleinen Läden weiter in die lauschig eingegrünte **Guntramstraße** mit schönen Altbauten aus der Zeit um 1900. Die kleinen Lädle und Kneipen wecken sentimentale Gefühle für die scheinbar »gute alte Zeit« im Stühlinger, in der damals aber wohl nicht sehr viel Zeit zum Träumen blieb. Typisch für die Mietshäuser der Arbeiterviertel im 19. Jahrhundert sind die Torfahrthäuser. In den Hinterhöfen und ihren verrußten Werkstätten schufteten Schlosser, Steinmetze und Arbeiter kleinerer Betriebe, darüber gab es einfachen, aber billigen Wohnraum. Ab 1900 kam dieser besondere Haustyp schlagartig aus der Mode, und das Haus Guntramstraße 38 ist ein seltenes Beispiel eines Torfahrthauses der Jugendstilzeit. In der **Egonstraße**

■ **Blick von der Guntramstraße auf die Herz-Jesu-Kirche**

mit dem halbrunden **Lederleplatz** am Ort des einstigen Pumpenwerks Lederle halten wir uns rechts und spazieren an der alternativen Eckkneipe »Babeuf« in die ebenfalls hübsch eingegrünte **Klarastraße**.

Vorbei am Café Einstein kommen wir wieder zur Wannerstraße und steigen den gegenüberliegenden Treppenaufgang hoch zur Stadtbahnbrücke. Beim Hochgehen sehen wir die zwei *Stühlinger Riesen*, die sich unter der Brücke ein trockenes Plätzchen zum Schlafen gesucht haben. Das Kunstobjekt von Franz Gutmann entstand durch eine Wette eines Freiburger Stadtrates aus der Wiehre mit dem Vorsitzenden des Freiburger Kunstverein Klaus Humpert. Der Stadtrat hatte mit Humpert gewettet, dass es dieser nicht schaffen würde, bis zu einem bestimmten Zeitpunkt ein Kunstwerk auf dem Annaplatz in der Wiehre aufstellen zu lassen. Es gelang dem Kunstvereinsleiter jedoch, die Plastik »Der Einbetonierte« von Gutmann direkt vor dem Haus des Stadtrates aufzustellen. Durch ein Missverständnis kam es aber beim späteren Entfernen der Plastik zu ihrer Zerstörung. Der Künstler Gutmann bekam dafür als Entschädigung den Auftrag, unter dieser Brücke ein Kunstwerk als »begehbaren Erlebnisraum« zu schaffen. Bei den Stühlinger Riesen sind nur die aus Beton bestehenden Köpfe, Hände und Füße sichtbar. Aus dem »Riesenmaul« (Zitat

■ **Die Stühlinger Brückenriesen mit dem »Spucker«**

Franz Gutmann) des »Spuckers« fällt Wasser in ein flaches Becken, von dem es über eine 100 Meter lange Betonrinne bis zum Mund des gegenüberliegenden schlafenden Riesen »Schlucker« fließt.

Zwischen den beiden gibt es mittwochs und samstags einen Bauernmarkt.

Oben spazieren wir nach links und genießen bald den interessanten Ausblick über die Stadt und das Bahnhofsareal. Links unten, entlang der Gleise, sehen wir die Wentzinger- und Lehenerstraße. Bis in die 1930er-Jahre war dieser Bezirk durch die »Fabrik für mechanische Musikinstrumente M. Welte & Söhne« eine sehr bekannte Adresse.

Welte, eine Firma mit Weltruf

Der geschäftüchtige Schwarzwälder Unternehmer Michael Welte verlegte 1872 gemeinsam mit seinen Söhnen sein seit 40 Jahren bestehendes Werk vom abgelegenen Vöhrenbach hierher auf das freie Areal hinter dem Freiburger Hauptbahnhof. Die bahnbrechende Entwicklung der Steuerung von Musikautomaten mit Rollen aus Papierlochstreifen anstatt mit empfindlichen Stiftwalzen katapultierte die Firma Welte bald zum absoluten Marktführer in der Musikautomatenbranche. Ihre klimpernden Töne und fantastischen Orgelmusikarrangements erklangen in edlen amerikanischen Salons, indischen Nobelhotels, auf berühmten Luxus- und Kreuzfahrtschiffen wie der »Britannic«, einem Schwesternschiff der »Titanic«, an europäischen Königshäusern und sogar im Sultanspalast von Sumatra. Der ge-

schäftliche Höhenflug währte aber nicht sehr lange. Die Entwicklung von elektrischen Schallplattenspielern, Radios, Tonfilmen und nicht zuletzt die Weltwirtschaftskrise 1929 brachten den Welte-Werken den wirtschaftlichen Niedergang und mit der Zerstörung durch Fliegerbomben verschwanden auch die eindrucksvollen Fabrikanlagen von der Bildfläche. Heute erzählt nur noch eine kleine Metalltafel in der Lehenstraße etwas von dieser grandiosen Erfolgsstory.

Nach Überquerung der Gleise gelangen wir über den Treppenabgang wieder zurück zum Hauptbahnhof, unserem Ausgangspunkt.

■ **Ohne Firlefanz: modernes Viertel am Freiburger Hauptbahnhof**

Spaziergang vom Stadtteil Rieselfeld zum Mundenhof

Tourbeginn und -ende:
Stadtbahnhaltestelle Maria-von-Rudloff-Platz (Linie 5), Rieselfeldallee

Streckenlänge: *7 Kilometer*

Höhenunterschied: *15 Meter*

Einkehrmöglichkeiten:
Gastronomie im Rieselfeld, Hofwirtschaft Mundenhof

Start- und Zielpunkt ist die Stadtbahnhaltestelle Maria-von-Rudloff-Platz im Zentrum des Stadtteils Rieselfeld.

Diese interessante Tour führt uns vom Stadtteil Rieselfeld zum Tierpark Mundenhof und durch das Schutzgebiet »Freiburger Rieselfeld«.

Neue Heimat im Rieselfeld

Wie der Name schon erahnen lässt, wurden auf diesen Flächen über 100 Jahre lang die Abwässer der südwestlichen Stadt »verrieselt«. Nach dem Zweiten Weltkrieg entstanden am Rand der Schlammfelder Barackensiedlungen für Sinti und Jenische. 1985 wurde die Verrieselung der täglich rund 90 000 Kubikmeter Abwasser eingestellt, nachdem dies nicht mehr zulässig war. Bald danach eröffnete man den »Städtebaulichen Wettbewerb Rieselfeld«, und danach wurde mit dem Bauen begonnen. Mittlerweile leben hier rund 11 000 Menschen. Kommunalpolitiker und Planer wollten im Rieselfeld bewusst eine Abkehr von den reinen Wohn- oder Schlaftrabantensiedlungen der 1960er- und 1970er-Jahre erreichen und orientierten sich dabei an den Wohnstrukturen der heute beliebten Wohnviertel des 19. Jahrhunderts. So entstanden im Rieselfeld auch rund 1000 Arbeitsplätze. Die Gesamtanlage des neuen Stadtteils ist als eine orthogonale Verschränkung zweier Keilformen zu sehen. Zentrale Achse ist die Rieselfeldallee mit Stadtbahn, Lokalen, Geschäften und Büros. Ein weiteres Zentrum bildet der Maria-von-Rudloff-Platz mit der ökumenischen Maria-Magdalena-Kirche und den dahinter liegenden Schulzentren, die entlang eines Grünkeiles liegen. Das Gesamtkonzept der Bebauung folgt dem Prinzip der abnehmenden Dichte vom Zentrum zu den Rändern hin, die höchsten Häuser stehen dadurch an der Rieselfeldallee. Um eine ausgewogene, heterogene Wohnstruktur zu erreichen, wurden Ein- und Mehrfamilienhäuser sowie Miet- und Eigentumswohnungen räumlich nicht voneinander getrennt. Im absichtlich geschaffenen Verkehrsnadelöhr mit verkehrsberuhigten Straßenachsen werden Stadtbahn, Radfahrer und Fußgänger eindeutig bevorzugt. Den langen Straßenachsen verpassten die Planer bewusst einen leicht gekrümmten Verlauf, um eine zu große Monotonie durch die Rasterstruktur zu verhindern.

Vor uns auf dem weitläufigen **Maria-von-Rudloff-Platz** sticht zwischen den etwas gleichförmigen Wohnblöcken ein ungewöhnlicher Betonkoloss geradezu ins Auge. Dabei handelt es sich weder um einen Gemeinschaftsbunker der Rieselfelder Bewohnerschaft noch um ein industrielles Relikt, sondern um die 2004 geschaffene ökumenische Maria-Magdalena-Kirche. Sie ist ei-

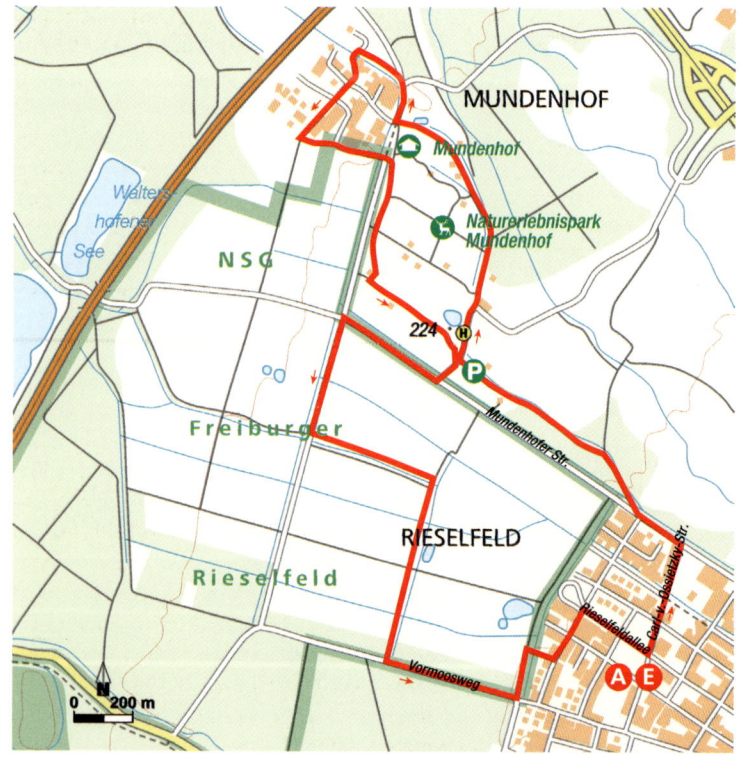

Spaziergang vom Stadtteil Rieselfeld zum Mundenhof

■ **Sakralbau mit Visionen: die Maria-Magdalena-Kirche**

nes der wenigen architektonischen Highlights im Quartier.

Betongegossene Ökumene: die Maria-Magdalena-Kirche

Dieses außergewöhnliche Bauwerk ist aus dem Versuch der evangelischen und katholischen Kirchengemeinden heraus entstanden, auch baulich eine Brücke zwischen beiden Konfessionen zu schlagen. Der Sakralbau besteht aus einem evangelischen und einem katholischen Teil. Dazwischen befindet sich zwar ein gemeinsames Taufbecken, aber dicke Betonwände scheinen die beiden Konfessionen wie üblich voneinander zu trennen. Soweit nichts wirklich Neues im Freiburger Westen. Das Besondere an diesem Bau ist: Er ist so konzipiert, dass die bis zu 9 × 10 Meter großen und 30 Tonnen schweren Betonwände beweglich sind und so bei besonderen Anlässen ein großer gemeinsamer Kirchenraum geschaffen werden kann. Die Architektin Susanne Gross hat für das gesamte Objekt außen wie innen eine gewollte Rohbauatmosphäre geschaffen. Für sie ist Rohbau Sinnbild für Unfertiges und Aufbruch. Die Innenausstattung ist nüchtern, die hohen nackten Sichtbetonflächen mit dem von oben einfallenden Licht verleihen den sakralen Räumen aber eine umso kraftvollere Wirkung. Das ökumenische Haus weckt beim Besucher die Vorstellung, die Wände könnten irgendwann einmal dauerhaft offen bleiben.

■ **Katholischer Teil des ökumenischen Kirchenzentrums**

Wir folgen nun der **Carl-von-Ossietzky-Straße** links der Kirche und sehen hinter dem ökumenischen Zentrum die fast runde *Clara-Grunwald-Schule*. Die Rieselfelder Grundschule arbeitet nach dem pädagogischen Konzept der italienischen Ärztin Maria Montessori. Sie ist damit die größte staatliche Montessori-Schule in Baden-Württemberg. Schüler und Schülerinnen werden in zehn sogenannten Familienklassen der Stufen eins bis vier gemeinsam unterrichtet.

Wie ein langgezogener Maulwurfshügel erhebt sich davor ihre 2005 gebaute Sporthalle bogenförmig aus dem Erdreich – eine architektonisch interessante Lösung, weil durch die Form und Dachbegrünung der Grünkeil zwischen Schulen und Kirche optisch nicht verkleinert wird.

Links davon steht der dunkle Bau des von der Habsburgerstraße hierher verlegten *Keplergymnasiums*. Der erste Teil des Gymnasiums entstand 1997. 2006 und 2007

■ **Sporthalle der Rieselfelder Clara-Grunwald-Schule**

wurde erweitert. Hier wählte man streng rechtwinklige Blockformen, verkleidet mit graugrün glasierten Klinkern. Selbst die Bepflanzung des Pausenhofs wurde in diese exakten Formen eingepasst. Lediglich bei der ungewöhnlichen Überdachung des Haupteingangs wich man von diesem strengen Schema ab. Das Konzept ist nicht unumstritten. Manche Rieselfelder hätten sich für ihre Jugend lieber ein kreativeres, bunteres Gebäude gewünscht.

Wir queren die Mundenhofer Straße und biegen nach wenigen Schritten links in den schattigen Waldpfad ein und folgen diesem für längere Zeit. Rechts des Wäldchens soll in Zukunft der neue 15 000-Einwohner-Stadtteil »Dietenbach« entstehen. Vorbei an Waldkindergärten halten wir uns an einer Weggabelung links und erreichen den Parkplatz des Mundenhofs, wo wir nach rechts in den Tierpark spazieren. Wie man inzwischen weiß, ist die Wohnstätte *Mundenhof* älter als Freiburg, und das jetzige Stadtgut Mundenhof war lange einer der größten landwirtschaftlichen Betriebe im Land. Heute ist es mit 38 Hektar das größte Tiergehege Baden-Württembergs.

■ **Geschichtsträchtig und voll im Trend: Stadtgut Mundenhof**

■ **Auch Meister Adebar fühlt sich hier zu Hause**

Auf den großzügig angelegten Koppeln leben Haus- und Nutztierrassen aus aller Welt, die zudem in eine ökologische Landwirtschaft eingebunden sind. Die Gehege sind nach Ländern und Kontinenten aufgeteilt. Einige dürfen betreten werden. Herzstück ist die exotische Mitte mit Affen, Erdmännchen und dem Vogelhaus sowie die Hofwirtschaft mit Biergarten. Faszinierend sind dort allein schon die zahlreichen Storchennester auf den Dächern und Kaminen.

Im nördlichen Teil liegt das »KonTiKi« (Kontakt-Tier-Kind), eine naturpädagogische Bildungs- und Freizeiteinrichtung, in der Kinder die Natur spielerisch entdecken und erfahren können. Der Besuch dieses einmaligen Tier-Natur-Erlebnisparks ist kostenlos, es wird aber um eine Spende gebeten, die man am Spendenäffchen einwerfen kann.

Haben wir uns genügend umgeschaut und an den Tieren erfreut, gehen wir zum Parkplatz zurück und spazieren hier die **Mundenhofer Straße** nach rechts. An der Kurve biegen wir links in den asphaltierten **Löhliweg** und kommen nun durch das Naturschutzgebiet Freiburger Rieselfeld mit Infotafeln zur einstigen Abwasserentsorgung. Das 2001 geschaffene Schutzgebiet ist heute wichtiger Rückzugsort für viele Tiere und Pflanzen.

■ **Spenden werden dringend benötigt: das Spendenäffle**

■ Naturschutzgebiet Freiburger Rieselfeld

Die durch Schilder gesperrten Wege dürfen nicht begangen werden. An eventuell neue oder temporäre Sperrungen muss die Tour entsprechend angepasst werden.

■ Infotafel am Vormoosweg zum Wegenetz im Naturschutzgebiet

An der nächsten Möglichkeit biegen wir erst links und dann wieder nach rechts in den **Rinnenbachweg**, der uns entlang eines alten Wassergrabens bis zum **Vormoosweg** führt, Dort halten wir uns links und spazieren vor den ersten Wohnblöcken nochmal nach links bis zu einem Aussichtspunkt mit Baum. Hier geht es kurz rechts und dann gleich wieder nach links durch die **Erica-Sinauer-Straße** bis zur **Rieselfeldallee**. Links sehen wir den *Tramturm*, den höchsten Bau im Quartier. Mit Wohnlofts und Büros steht er mitten in der Umkehrschlaufe der Stadtbahn.

Wir halten uns rechts und erreichen bald wieder den Ausgangspunkt, die Stadtbahnhaltestelle Maria-von-Rudloff-Platz.

Wanderung vom Seepark nach Herdern

Tourbeginn: *Stadtbahnhaltestelle Betzenhauser Torplatz (Linie 5)*

Tourende: *Stadtbahnhaltestelle Tennenbacher Straße.*

Streckenlänge: *5,1 Kilometer*

Höhenunterschied: *30 Meter*

Einkehrmöglichkeiten:
Gastronomie am Seepark, Café Heitzmann in der Elsässer Straße, Solar Casino im Solarhaus, Lokale in der Tennenbacher und Habsburger Straße

Diese Tour bietet uns eine illustre Mischung aus Natur, Architektur, Kunst, Denkwürdigem und allerlei Geschichten. Sie beginnt in der **Sundgauer Straße** an der Stadtbahnhaltestelle Betzenhauser Torplatz. Auf der Nordseite der Haltestelle sehen wir die »Freiburger Propyläen« des Künstlers Dieter Schaal. Das 1986 aufgestellte Werk bildete das Eingangsportal zur Landesgartenschau. Damals wurde hier auf einem 35 Hektar großen Brachland um den früheren Baggersee ein Konzept verwirklicht, bei dem neben der Landschaftsgestaltung vor allem neue Bauwerke mit »plastischen Qualitäten« eine Rolle spielen sollten. Im Gartenschaugelände *Seepark* stehen von verschiedenen Künstlern geschaffene Skulpturen zu verschiedensten Themen. Wir durchschreiten die Propyläen und spazieren den geraden Fußweg Richtung Bürgerhaus am *Flückigersee.*

Rechts sehen wir auf einer kleinen Halbinsel ein rundes Bauwerk mit Säulen, Bögen und Gewölben. Es handelt es sich hier nicht etwa um den Überrest einer alten Villa, sondern um das von dem Luxemburger Rob Krier geschaffene Kunstwerk »Tempelchen«, das durch seine Form und Lage dem See etwas Romantisches verleiht. Vor uns liegt das Bürgerhaus mit Restaurant, der Seeterrasse und einer Freilichtbühne am Ufer. Wir gehen nun zum **Regioplatz**, der sich hinter diesem bananenkrummen Gebäudekomplex befindet. Mitten auf dem Platz steht

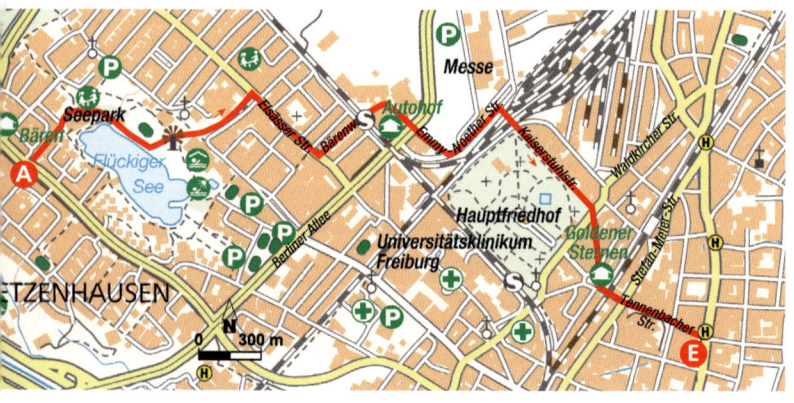

■ **Urlaubsstimmung: Boote am Flückigersee mit dem »Tempelchen«**

der 17 Meter hohe »Lichtturm« von Oswald Matthias Ungers aus rostbraunem Klinker. Im oberen Teil sind vier quadratische Öffnungen, durch die das Licht aus allen Himmelsrichtungen einfallen kann. Die in Alemannisch geschriebene Inschrift »Worum trennt uns e Rhi, ass mir zeige chenne, wie me Brucke bäut« (wortwörtlich übersetzt: Warum trennt uns ein Rhein, dass wir zeigen können, wie man Brücken baut) macht das Thema des Künstlers deutlich: die verbindende Kultur der alemannischsprachigen Regio über Staatsgrenzen hinweg.

Vom Regioplatz her hören wir bereits das Plätschern eines nahen Wasserlaufs. Anlässlich der 1989 beschlossenen Städtepartnerschaft zwischen Freiburg und der japanischen Stadt Matsuyama wurde hier als Gastgeschenk von japanischen Landschaftsarchitekten ein landestypischer Garten angelegt. Die zwischen Felsbrocken gemütlich murmelnden Wasserläufe mit kleinen Holzbrücken, einer Steinpagode, japanischen Sträuchern und Steinlaternen schaffen einen meditativen Ort zum Relaxen. Der *Japanische Garten* ist tagsüber geöffnet, der Eintritt ist frei.

Wir spazieren nun zwischen einem kleinen Mammutwald und dem Bürgerhaus ans nördliche Ufer des Flückigersees und folgen dem Uferweg stadteinwärts. In den Sommermonaten ist der See auch ein beliebter Liege- und Badeplatz. Nach rund 250 Metern erreichen wir einen kleinen Schauweinberg mit der lebenslustigen *Bacchusplastik*. Diese Bronzefigur wurde 1980 von dem Künstler Kurt Lehmann für den Kanonenplatz auf dem Schlossberg geschaffen und 1986 anlässlich der Gartenschau hierher verlegt. Knapp zehn Jahre später fiel Bacchus einer radikalen Frauengruppe zum Opfer,

■ **Geheimtipp für eine erholsame Ruhepause: Japanischer Garten**

die sich »Lorena Bobitts Schwestern« nannte und sein Glied als Trophäe mitnahm.

Im März 1996 meldete die Badische Zeitung, dass Bacchus nun wieder »ganz Mann« sei. Im Weinberg führt uns eine Treppe hoch zum *Schneckenturm*. Seinen Namen bekam das weithin sichtbare Holzgebilde durch die markante Wendeltreppenkonstruktion. Nach einem Brandanschlag im Jahr 2003 wurde der Turm originalgetreu wieder aufgebaut. Von der Aussichtsplattform in 18 Metern Höhe haben wir einen herrlichen Blick auf die Stadt und die dahinterliegenden Schwarzwaldhöhen.

Von hier geht es weiter zur *Freiburger Ökostation*, in der als Umweltbildungszentrum zahlreiche Veranstaltungen und Projekte für Kinder, Schüler und Erwachsene angeboten werden. Die jetzige Ökostation II ersetzt seit 1991 den 1987 abgebrannten hölzernen Vorgängerbau. Sowohl der Biogarten als auch die »geflochtene« Holzbalkenkuppel des runden Hauptraums sind sehenswert.

Nun wandern wir über den **Anton-Dichtel-Platz** und die **Falkenberger Straße** bis zur **Elsässer Straße,** queren diese beim Café Heitzmann und halten uns rechts. Nach circa 200 Metern erreichen

■ **Bacchus am Schauweinberg mit dem Schneckenturm**

■ **Wuchtig: Holzbalkenkuppel der Freiburger Ökostation**

wir den *israelitischen Friedhof*. Die Wurzeln der jüdischen Geschichte reichen in Freiburg weit in die Vergangenheit zurück. Um 1863 wurde die Israelitische Gemeinde neu gegründet. Kurz danach wurde dieser Friedhof angelegt und die Synagoge am Werderring erbaut. Bei den Novemberpogromen 1938 zerstörten die Nazis neben der Synagoge auch die Friedhofshalle. Heute dient er der jüdischen Gemeinde wieder als Begräbnisplatz, und es stehen dort rund 900 Grabsteine (Mazevot). Der Friedhof ist täglich außer samstags geöffnet. Männer werden gebeten, beim Besuch eine Kopfbedeckung zu tragen.

Wir gehen die Straße weiter und biegen anschließend nach links in den **Bärenweg** ein, eine hübsche

Wohnstraße im Stadtteil Mooswald mit typischer Bebauung aus den 1920er- und 1930er-Jahren. Nach Unterquerung der Bahnlinie erreichen wir das Unigelände mit Flugplatz und den Messehallen. Wir wandern vor den alten Kasernengebäuden nach rechts. Hier in den ehemaligen Fliegerkasernen am alten Freiburger Flugplatz hat die *Technische Fakultät* ein Refugium gefunden. Um dem gehätschelten Vorzeigeinstitut angemessenere Räume zu bieten, ließ die Universität daneben moderne Gebäude mit interessanter Architektur und Kunstwerken erstellen. Ein Kunstobjekt mit Flügeln scheint durch die Glasfassade des modernen Lehr- und Dekanatsgebäudes zu fliegen und ein weiteres auf dem

Platz soeben gelandet zu sein. Die rätselhaften Streifen auf dem Platz sind Teil eines Strichcodes, der das Universitätsgelände benennt: »Angewandte Wissenschaften«. Nordöstlich davon entstand ab 1999 die Neue Messe.

Höhenflüge am Freiburger Flugplatz

Mit zunehmendem Wachstum der Stadt während der Industrialisierung wuchs bei den Stadtvätern auch das Interesse an einem eigenen Flugplatz. Was schien da besser geeignet als der große militärische Exerzierplatz im Westen der Stadt. Nach zähen Verhandlungen erreichte der Stadtrat schließlich sein ehrgeiziges Ziel. Im Gegenzug stellte das Militärbauamt der Stadt die Bedingung, dass sie die Fliegerkasernen in eigener Regie erbauen müsse. Nachdem sich ab 1907 die ersten Flugzeuge von der kleinen Rollbahn in die Lüfte erhoben, schossen daneben 1913 die städtischen Kasernen in einer für damalige Verhältnisse rekordverdächtigen Zeit von sechs Monaten fast wie die sprichwörtlichen Pilze aus dem Boden. Vielleicht erahnte man bereits den heraufziehenden großen Krieg, der ein Jahr später ganz Europa erschüttern sollte. Das fixe Tempo ging zu Lasten von Kosten und Bauqualität, und die Betroffenen machten im Rathaus ihrem Ärger Luft. Man mäkelte über unzulässige Mörtelmischungen, dass italienische

■ **Israelitischer Friedhof im Spätsommerlicht**

■ Universitätsgebäude der Technischen Fakultät

Arbeiter statt arbeitsloser Deutscher eingesetzt und die Baukosten deutlich überschritten wurden. Während des Ersten Weltkriegs wurde am Rand des Fluggeländes noch die »Fliegergeschwaderschule« gebaut. Nach dem Krieg gab es Pläne, das gesamte Areal in ein Sportfeld zu verwandeln. Diese scheiterten, weil 1925 die Polizeiflugwache in die Fliegerkaserne einzog und der Flugplatz nun sogar zum Flughafen ausgebaut wurde. Nun begann eine wichtige Ära für Freiburg. Plötzlich landeten Linienflugzeuge vom Flughafen Böblingen bei Stuttgart, und zahlreiche Flugschauen begeisterten die Bevölkerung. Während des Zweiten Weltkriegs wurde das Gelände zum Militärflughafen, dessen Kommando nach Kriegsende die Alliierten über-

nahmen. In den 1960er-Jahren landeten hier auch wieder zivile Flugzeuge, so dass die Hoffnungen der Stadt auf einen eigenen Flughafen groß waren. Die Sache entwickelte sich jedoch anders, und die Höhenflüge des Stadtrates mussten kräftig

■ Freiburger Kompetenzzentrum für Erneuerbare Energien SIC

zurückgeschraubt werden. Heute vertreiben sich hier hauptsächlich Sportflieger ihre Freizeit, und die Anwohner können die Sommerabende einigermaßen ruhig in ihren Liegestühlen genießen.

Wir queren die Madisonallee und gehen am *Solar Info Center* nach links bis zur **Emmy-Noether-Straße**, wo wir uns rechts halten. Das Solar Info Center, das sich auch als »Kompetenzzentrum für Erneuerbare Energien und Energieeffizienz« bezeichnet, beherbergt zahlreiche Solar-, Umwelt- und Softwarefirmen. Wer jetzt eine kleine Stärkung braucht, dem sei dort das Solar Casino empfohlen.

Wir gehen die Straße an den Bahngleisen Richtung Norden weiter. Linker Hand sehen wir die große Ausstellungshalle der *Neuen Messe*, einen Bau aus Stahl, Glas und Beton, den die Stadt in den Jahren 2000 und 2006 errichten ließ. Wir queren den Bahnstrang über die neu aufgeführte gebogene Eisenbrücke und gelangen auf der **Kaiserstuhl-straße** wieder stadteinwärts. In nördlicher Richtung entdeckt man ein paar alte Hallendächer und viele mehrstöckige Betonbauten. Auf dem 39 Hektar großen Areal des früheren Freiburger *Güterbahnhofs* entstand hier vor kurzem ein dicht bebautes Quartier zum Wohnen und Arbeiten. Viele der alten Hallen wurden

■ **Blick zum Areal des ehemaligen Güterbahnhofs**

■ 1899 fertiggestellte Einsegnungshalle auf dem Hauptfriedhof

abgerissen, aber einige denkmalgeschützte Gebäude wie der alte Zollhof und die Eisenbahnerkantine blieben erhalten.

Auf der anderen Straßenseite blickt man auf das weitläufige Areal des ab 1872 angelegten *Hauptfriedhofs*. Nach der Gründung des Deutschen Reiches mit dem Anschluss von Elsass-Lothringen verbesserte sich die wirtschaftliche Lage Freiburgs erheblich. Ein neuer und größerer Friedhof musste her, und repräsentativ sollte er natürlich auch sein. Oberbürgermeister und Stadtrat verliehen ihrem neuen Glanzstück dafür ein prächtiges Eingangsportal im Stil eines römischen Triumphbogen, sowie eine imposante kuppelbekrönte Einseg-

nungshalle im Stil der oberitalienischen Renaissance.

Die prächtigen Gebäude haben den Luftangriff am 27. November 1944 überlebt, nicht aber die 1664 Freiburger und Freiburgerinnen, die hier nach der verheerenden Bombennacht im Massengrab zwischen Halle und Tor bestattet wurden. Auf dem Friedhof stößt man immer wieder auf Grabmäler von bekannten Persönlichkeiten. Besonders stimmungsvoll ist der Bereich zwischen dem tempelartigen Krematorium und der pompösen Aussegnungshalle mit Weiher, Wasserfall und großen alten Bäumen. Wer den Friedhof besuchen möchte, kann ihn durch den Seiteneingang am Ende der Straße betreten. Neben den Grabfeldern gibt es auch einige Bienenstände, denn der Friedhof ist auch ein wichtiges Biotop in der Großstadt. Zwischen den Grabsteinen leben Tierarten, von denen manche sogar auf der Roten Liste stehen.

Wir queren oben die Friedhofstraße und schlendern durch die gefällige **Konradin-Kreutzer-Straße** im Stadtteil Brühl-Beurbarung bis zum **Tennenbacher Platz** mit dem Wirtshaus Goldener Sternen. Dieses hübsche Quartier ist ab den 1890er-Jahren durch die bürgerliche Beurbarungsgesellschaft für Arbeiter, Eisenbahner und Fuhrleute auf Sumpfland entstanden und befand sich ausschließlich im städtischen

Besitz. Gegründet wurde die Gesellschaft von Handwerkszünften, weil die stark wachsende Stadt neuen Platz zum Wohnen und Arbeiten brauchte. Die dicht bebauten Blocks entwickeln durch ihre neobarocken Formen und großzügigen Innenhöfen mit Gärten ihren ganz eigenen Charme.

Nun geht es weiter durch die **Tennenbacher Straße** mit den frühen Häusern der Beurbarung, und nach der Bahnlinie passieren wir den sternförmigen Bau der Freiburger Justizvollzugsanstalt (siehe Tour 13) bis zur **Habsburger Straße**, wo unsere Tour an der Stadtbahnhaltestelle endet.

■ **Neobarocke Architekturdetails am Tennenbacher Platz**

TOUR 13 KNAST, WEIN, TOTENTANZ

Kontrastreicher Rundgang durch die Stadtteile Neuburg und Herdern

Tourbeginn und -ende:
*Stadtbahnhaltestelle
Tennenbacher Straße (Linie 2)
in der Habsburger Straße*

Streckenlänge: *5,9 Kilometer*

Höhenunterschied: *55 Meter*

Einkehrmöglichkeiten:
*Aquila in der Sautierstraße, Fabrik
in der Habsburgerstraße/Haltestelle
Okenstraße, Gastronomie in
Herdern, Aussichtsrestaurant Hotel
Mercure*

Diese kurzweilige Stadttour führt
uns durch die geschichtsträchtigen
Stadtteile Herdern und Neuburg mit
herrlichen Wohnvierteln und vielen
geschichtlichen und architektonischen Highlights.

Wir beginnen die Tour an der
Stadtbahnhaltestelle Tennenbacher
Straße in der Habsburgerstraße.
Gleich daneben ragt etwas verloren
ein hoher Sandsteinturm mit Staffelgiebel in den Himmel. Dies ist kein
altes Freiburger Stadttor, wie man-

che vielleicht mutmaßen, sondern
letztes Überbleibsel des um 1906 erbauten und 90 Jahre später abgebro-
chenen und ins Rieselfeld verlegten
Keplergymnasiums. Nicht wenige
Freiburger trauern noch immer
ihrem entschwundenen Jugendstil-
Prunkbau mit dem prächtigen Treppenhaus nach.

Wir gehen die Habsburgerstraße
zunächst einige Schritte Richtung
Zentrum und biegen am kleinen
Eulenbrunnen nach rechts in die
Hermann-Herder-Straße ein. Nach
kurzer Zeit erreichen wir das unüber-
sehbare *Rote Haus*. Dieser monströse
Gebäudekomplex wurde von 1910 bis
1912 als Kontorgebäude im Stil ba-
rocker süddeutscher Klosterbauten
errichtet. Neben Instituten der Uni
hat hier auch der Verlag Herder seinen Sitz. An der nächsten Kreuzung
ändert sich die Situation völlig: hohe
Mauern, vergitterte Fenster und
nüchterne Steinwände beherrschen
das Bild: die *Justizvollzugsanstalt*
(JVA) wurde um 1878 als badische
»Central-Strafanstalt« nach dem
»pennsylvanischen-panoptischen

System« strahlenförmig und mit Einzelzellen angelegt. Wie akribisch genau früher jede Einzelheit in solch einer Strafanstalt festgelegt war, sollen zwei kurze Auszüge aus der langen Freiburger Zellenordnung von 1912 verdeutlichen: »Das Essbesteck ist in der Leiste an der Türe des Wandschränkchens senkrecht untergebracht und zwar in der Reihenfolge: Messer, Löffel, Gabel. Täglich hat der Zellenaufseher besonders sein Augenmerk darauf zu richten, dass dasselbe immer in tadellos reinem Zustand ist und dass es sich an dem für dasselbe bestimmten Platze befin-

det.« Für die Wolldecken wurde beim täglich vorgeschriebenen Hochklappen der »Bettstatt« unter anderem festgelegt: »Die Wollteppiche sind so zu halten, dass der Bruch des zusammengefalteten Teppichs in der Mitte der vierten Rippe des Bettgestells seinen Anfang nimmt …« Im Hof des Landesgefängnisses fanden auch immer wieder Hinrichtungen durch das Fallbeil statt. Ihren letzten »blutigen Einsatz« in der Republik Baden hatte die Guillotine am 30. Oktober 1924, als hier der Mörder eines Holzschnitzerehepaares aus Saig am Titisee enthauptet wurde.

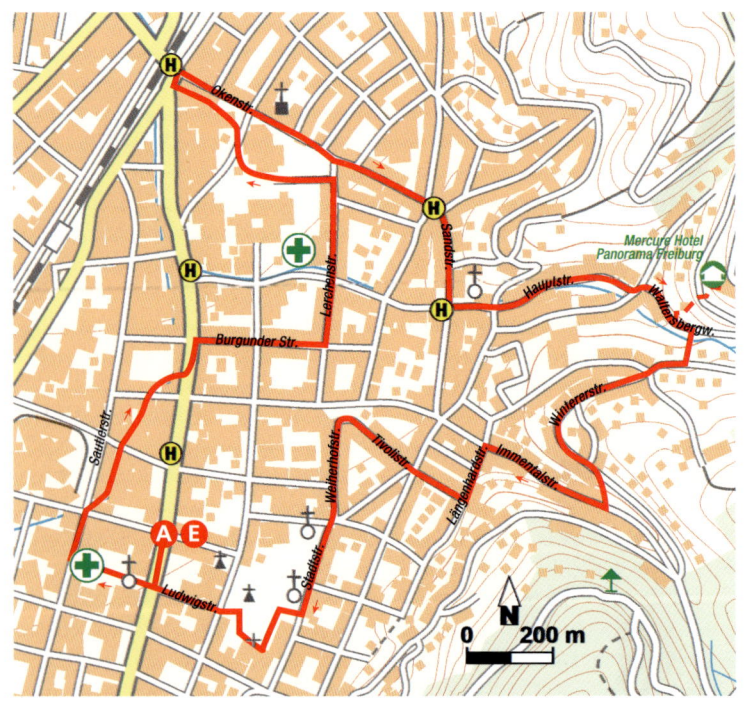

■ **Bezaubernd bunt: Wohnhäuser in der Gießenstraße**

In der **Sautierstraße** gehen wir nach rechts und kommen an ehemaligen Behausungen der Gefängniswärter mit passend streng wirkenden Steinfassaden vorbei. In der **Tennenbacher Straße** halten wir uns kurz rechts und folgen der **Gießenstraße** nach links. Auch hier wieder ein komplett anderes Bild: zauberhaft eingegrünte und bunt angepinselte Stadthäuser aus der Zeit um 1900 säumen den rauschenden Gewerbekanal.

Am Ende der Straße folgen wir dem eingegrünten Fußweg kurz geradeaus und dann an der Tiefgarage rechts in die **Habsburgerstraße**, die wir nach links weitergehen und queren. In der **Burgunder Straße** erreichen wir ein weiteres lauschiges Fleckchen mit viel Grün. An der Kreuzung mit der **Lerchenstraße** halten wir uns links, bis wir nach circa 350 Metern den Eingang des *Botanischen Gartens* auf der linken Seite erreichen (täglich von 10 bis 18 Uhr geöffnet). Eine grüne Oase mitten im Wohn-, Klinik- und Universitätsviertel von Herdern mit zahlreichen seltenen Pflanzen in allen Farben und Formen, die hier im milden Freiburger Klima gut gedeihen. Spezielle Sonderschauen greifen interessante Themen wie beispielsweise den Anbau von Heil- und Küchenkräutern auf. An heißen Sommertagen ist der Park ein herrliches Refugium, um irgendwo im Schatten gemütlich zu dösen oder sich mit einer spannenden Lektüre zu beschäftigen.

Nicht entgehen lassen sollte man sich die vier großen Schaugewächshäuser (Montag bis Donnerstag von 12 bis 16 Uhr und Sonntag von 14 bis 16 Uhr), in denen man in die tropische Welt des immergrünen Regenwalds eintauchen oder zwischen riesigen Farnen und Kakteen umherwandeln kann. Auch die Vegetation Australiens und Neuseelands im Kalthaus bietet eine faszinierende Pflanzenvielfalt.

Wir gehen durch den westlichen Parkausgang beim Biologischen Institut in die **Schänzlestraße**. Nach wenigen Schritten nach rechts kommt

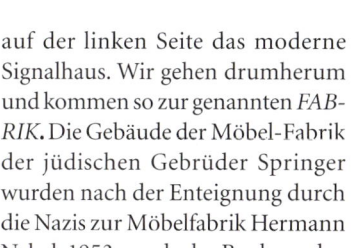

Grünes Paradies in Freiburgs Norden: der Botanische Garten

auf der linken Seite das moderne Signalhaus. Wir gehen drumherum und kommen so zur genannten *FABRIK*. Die Gebäude der Möbel-Fabrik der jüdischen Gebrüder Springer wurden nach der Enteignung durch die Nazis zur Möbelfabrik Hermann Nebel. 1953 wurde der Baukomplex an die Springers zurückgeben, die ihn dann an die Garnfabrik Burkhardt & Schmidt verkauften. Nach der Schließung zogen hier 1978 erste alternative Betriebe ein. Heute ist die »FABRIK für Handwerk, Kultur und Ökologie« eines der größten soziokulturellen Zentren in Baden-Württemberg.

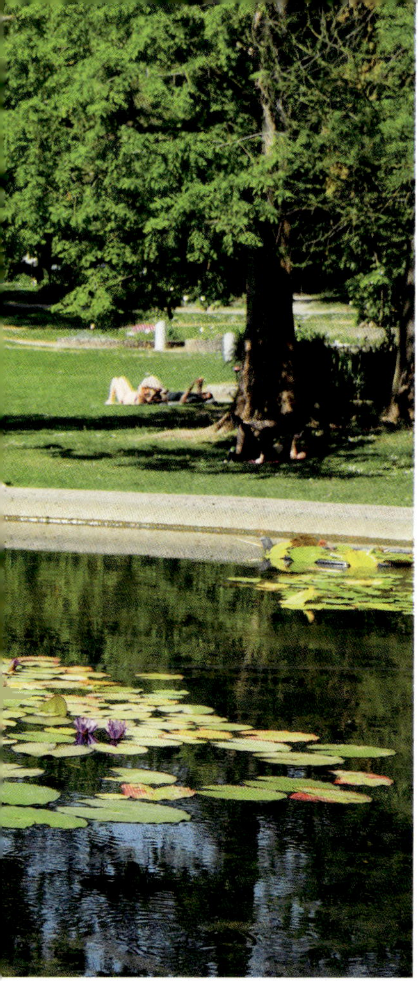

Nach dem fantasievoll gestalteten Innenhof erreichen wir das »Vorderhaus«. Hier finden zahlreiche kulturelle und politische Veranstaltungen statt. In der dazugehörigen Gaststätte mit Biergarten werden unter anderem günstige Mittagstische angeboten.

Wir gehen in die gleiche Richtung weiter, halten uns am Ausgang rechts und folgen der **Okenstraße** wieder bergauf. Wir kommen am barocken Herz-Jesu-Kloster vorbei und gehen oben in der **Sandstraße** in einem Bogen nach rechts.

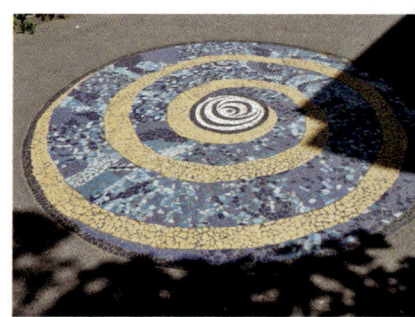

Kreative Formen in der »FABRIK für Handwerk, Kultur und Ökologie«

■ **Dehonianer-Ausbildungsstätte Herz-Jesu-Kloster**

Bald erreichen wir den charmanten alten Ortskern von *Herdern* mit dem Lalli-Brunnen (Narrenbrunnen) und der Kirche St. Urban (1839). Das Murmeln des Glasbaches, der sich entlang der Hauptstraße windet, der Brunnen und die schönen Häuser um den Kirchplatz machen die dörfliche Idylle inmitten des Freiburger Villenviertels perfekt.

Wer eine wohlverdiente Essenspause einlegen möchte, dem bieten sich hier einige Möglichkeiten.

Wir wandern weiter nach links durch die **Hauptstraße** und kommen an einem interessanten Mix aus gründerzeitlichen Domizilen, 1950er-Jahre-Bauten und malerischen Winzerhäuschen vorbei, die sich dicht an dicht aneinanderreihen.

Weiter oben dominieren alte Villen und große Gärten. An der Einmündung in den **Walterbergweg**, dem wir in gleicher Richtung folgen, sehen wir links einen Brunnen von 1906. Über dem Wasserbecken hängt eine grimmig dreinschauende bronzene Nixe mit ausgebreiteten Fledermausflügeln und einem Unterleib aus zwei drachenartigen Schwänzen, die wiederum von einer Schlange umschlungen sind. Aus dem Kopf dieser Schlange sprudelt das Brunnenwasser. Vielleicht sollten mit diesem giftigen Monster Durstige vom Trinken des Wassers abgehalten werden. Der Künstler hätte dafür auf jeden Fall sein Bestes getan.

Nach einigen Schritten gibt es die Möglichkeit, einen Abstecher links hoch zur »Skulpturenwiese« zu machen. Die Edelstahlskulpturen des in Zähringen wohnenden Künstlers Roland Phleps (siehe Tour 14) befinden sich direkt unterhalb des Hotels Mercure.

■ **Malerisch: der alte Ortskern von Herdern**

Der Aufstieg wird mit einem schönen Stadtblick belohnt. Wer möchte, kann dies auch noch mit einer Einkehr auf der Panoramaterrasse des Hotelrestaurants verbinden. In der Linkskurve des Walterbergwegs halten wir uns rechts, und ein Fußweg führt uns über den Glasbach hoch in die **Wintererstraße**, die wir nach rechts weitergehen. Wir folgen dieser mondänen Straße mit modernen und alten Villen bis zu Haus Nummer 48 und schlendern dann den Fußweg rechts durch eine Grünanlage hinunter in die **Immentalstraße**. Nun geht es die lauschige Wohnstraße talwärts, die von prächtigen Stadthäusern in parkähnlichen Gärten gesäumt wird. In der **Längenhardstraße** halten wir uns links und spazieren dann weiter durch die nicht weniger elegante **Tivolistraße** mit einigen wundervollen Jugendstildomizilen.

Tivolistraße 15/17: Lehrstück des Freiburger Jugendstils

Das Doppelhaus Tivolistraße 15/17 nimmt architektonisch eine besondere Stellung ein. Der 1901 errichtete Bau zählt zu den ersten Jugendstilhäusern Freiburgs überhaupt und entwickelte sich zu einer Art Prototyp in Sachen Freiburger

■ Trendsetter: Jugendstilvilla in der Tivolistraße

■ **Prachtbau aus der Kaiserzeit: Friedrichsgymnasium**

Jugendstil. Vieles findet man auch an späteren Jungendstilbauten: jede Haushälfte hat einen Giebel, dessen Kontur geschwungene Gesimslinien betonen. Das Gesims macht im oberen Drittel einen Knick, der mit großen Blüten akzentuiert wird. In Höhe der Dachtraufe münden die Gesimslinien in kapitellähnliche Gebilde mit allerlei Pflanzen- und Tierformen. Die Giebelspitze bekrönt ein eigenwilliger Dekoraufsatz. Die konvex abgerundeten Balkone überschneiden sich mit den darunter liegenden, konkaven Ausbuchtungen der Fensterlaibungen, wodurch bei der Fassadengestaltung der Eindruck einer fließenden Form erreicht werden sollte. Ähnliches findet sich auch in der Gestal-

tung des schmiedeeisernen Gartenzaunes wieder. An der Seite wurde ein Turm mit abgeschrägten Ecken angebracht, dessen Abschrägungen nach oben zunehmen, so dass er sich nach oben verjüngt. Durch die abgeknickte Form des Turmdaches und des Mansardendaches wird diese Wirkung fortgesetzt – eine typische Spielerei des Jugendstils. Bei diesem Haus hat der Architekt Josef Ruh noch eine weitere, damals brandneue Mode aufgegriffen. Das Baujahr wurde ab 1900 nicht mehr brav über dem Türrahmen eingemeißelt, sondern irgendwo an der Fassade angebracht. Man sollte es wie in einem Versteckspiel suchen und in diesem Fall wird man an den Dachgauben fündig.

■ »Bubenbrunnen mit Katze« alias »Bacchusbrunnen«

Weiter unten erreichen wir den halbrunden **Ludwig-Aschoff-Platz**, der auf der Südwestseite vom wuchtigen Bau des *Friedrichsgymnasiums* eingerahmt wird. Der burgartige Schulkomplex mit seinem kirchenähnlichen Turm entstand 1901 bis 1904 in rotem Buntsandstein und könnte heute ohne Probleme als Drehort für Harry Potters Zaubererschule Hogwarts dienen.

Hinter dem eindrucksvollen Eingangsportal verbirgt sich eine ebenso imposante Jugendstil-Treppenanlage mit ausdrucksstarken Wandmalereien. Architekt war Joseph Durm, der auch die Johanneskirche in der Wiehre entworfen hat. In der Mitte des parkähnlichen Platzes steht die 1906 von Richard Engelmann geschaffene Bronzeplastik »Mädchen mit Schwamm«, eine sich badende junge Frau in antiker Pose. Nachdem der Künstler Engelmann aufgrund jüdischer Vorfahren während der Nazizeit mit einem Berufsverbot belegt worden war, ließ die Stadt 1949, auch als Wiedergutmachung, dieses eigentlich als Brunnenfigur gedachte Werk hier aufstellen.

Linker Hand mündet die **Weiherhofstraße** ein, der wir nun folgen. Wir passieren weitere schöne Stadthäuser und Jugendstilvillen, die inmitten von charmanten alten Gärten thronen. An der Kreuzung mit der Stadtstraße entdecken wir den hübschen *Bubenbrunnen mit der Katze*. Auf dem 1909 von Friedrich Meinecke errichteten Steinbrunnen

sitzt ein kleiner Knabe, der eine Katze umarmt. Ein Trinkgefäß mit umgestürzter Weinkanne und Trauben und das Faungesicht verleihen dieser Szene etwas Bacchantisches, weshalb der Brunnen auch als *Bacchusbrunnen* bekannt ist.

Es geht nun die **Stadtstraße** in die gleiche Richtung weiter, und wir schlendern durch den Stadtteil Neuburg, der beim Bombenangriff am 27. November 1944 fast völlig zerstört wurde. Rechter Hand steht die *Ludwigskirche*. Der transparente Betonbau ersetzte 1954 den im Krieg zerstörten Vorgängerbau: die erste Freiburger evangelische Kirche von 1829. Das Besondere am alten Gotteshaus war, dass es sich um die alte romanische Klosterkirche von Tennenbach handelte, die man im Schwarzwald Stein um Stein abgetragen und hier wieder aufgebaut hatte. Die neue Ludwigskirche knüpft mit ihrer Konstruktion in Skelettbauweise mit Betonstützen an die Kirche Notre-Dame-de-la-Consolation in Le Raincy an, die 1922 als eine der ersten Kirchen im Stil des Neuen Bauens entstanden ist.

In den Neubau wurden auch einige der erhalten gebliebenen Fragmente der alten Tennenbacher Klosterkirche wie beispielsweise der romanische Altarstein einbezogen. Sie ist leider meist geschlossen. Die frei sichtbaren Glocken auf dem Turm stehen in Sachen Lautstärke den Münsterglocken um nichts nach

■ **Innenraum der 1954 wiedererstandenen Ludwigskirche**

und übertönen bei vollem Geläut jede Unterhaltung auf dem Platz. Direkt im Anschluss an die Kirche beginnt Freiburgs berühmter *Alter Friedhof*, den wir nun betreten.

Freiburgs Alter Friedhof

Der Alte Friedhof mit seinen bemoosten Grabdenkmälern aus der Zeit zwischen 1683 und 1872 und dem urigen Baumbestand ist einer der ruhigsten und für manche auch gruseligsten Plätze in Freiburg.

Inmitten der pulsierenden urbanen Stadtlandschaft scheint hier die Zeit plötzlich stillzustehen. Zwischen den mächtigen Bäumen erzählen prächtige und auch ganz einfache Grabsteine von dem bewegten Leben früherer Stadtbewohner. Immer wieder stößt man auch auf Namen berühmter Personen: Der Barock-Künstler und Architekt Johann Christian Wentzinger und der liberale Denker des Vormärz Carl von Rotteck liegen hier ebenso wie der Archäologe Joseph Anselm Feuerbach und der liberale Verleger Bartholomä Herder. Nicht zu vergessen ist auch die Grablege von Boniface de Mirabeau, dem Bruder des Präsidenten der französischen Nationalversammlung, der 1792 hier im Exil starb. Das wohl bekannteste Grab ist das der »Schlafenden Schönen« Caroline Christine Walter, das seit langem jeden Morgen von unbekannter Hand mit frischen Blumen geschmückt wird. Schon ihr tieftrauriger junger Geliebter soll seit dem Tod der erst 16-Jährigen im Jahr 1867 immer Blumen auf das Grab gelegt haben. Den Mund des steinernen jungen Mädchens an der Ostmauer umfängt ein leichtes Lächeln, und in ihrer Rechten hält sie noch ein aufgeschlagenes Buch. So, als wäre sie beim Lesen eingenickt und würde nur darauf warten, von ihrem Liebsten wachgeküsst zu werden.

Am Platz vor dem Haupteingangsportal befindet sich beim großen Kruzifix eine Infotafel, auf der alle berühmten Gräber verzeichnet sind. Mitten im Friedhof steht die St-Michaels-Kapelle (1720–1725). Ihr gemalter Totentanz in der Vorhalle hat trotz der notwendigen grundlegenden Erneuerung 1963 nichts von seiner schauerlichen Wirkung verloren. Die gesamte Kapelle wurde damals nach starken Kriegszerstörungen neu aufgebaut, wobei man auch die üppige Rokokoausstattung im Inneren originalgetreu rekonstruierte. Vor der Kapelle jagt der Friedhof auch hartgesottenen Besuchern einen gruseligen Schauder durch den Körper: Am Sockel des großen mittelalterlichen Kruzifixes liegt ein martialischer Totenschädel aus Stein. Aus dem rechten Kieferknochen glotzt eine fette Kröte, und aus dem linken Backenknochen ragt

■ **Geheimnisvoll: Blumen am Grab der »Schlafenden Schönen«**

■ **Schreckensgeschichte: Der Schädel mit Kröte und Nagel**

ein gebogener rostiger Nagel. Den kahlen Schädel ziert eine steinerne Haarlocke. Diese drastische Darstellung erinnert an die tragische Geschichte eines Schmieds und dessen junger Frau. Diese soll ihren wesentlich älteren Gatten mit einem jungen Gesellen betrogen haben. Schließlich rammten Ehefrau und Liebhaber dem Gatten im Schlaf einen Nagel in den Schädel. Die tödliche Wunde verdeckten sie durch die Haare. Wenige Jahre später musste der Leichnam jedoch aus Platzman-

gel umgebettet werden. Als das Grab geöffnet war, kroch eine fette Kröte aus dem Schädel, und der im Kopf steckende Nagel war nun deutlich zu sehen. Das inzwischen verheiratete mörderische Pärchen wurde daraufhin zum Tod verurteilt.

Wir verlassen nun den Alten Friedhof am nordwestlichen Ausgang und folgen der **Johanniterstraße** bis zur **Habsburger Straße,** wo wir uns am Keplerturm rechts halten und wieder den Ausgangspunkt der Tour erreichen.

Rundwanderung von Zähringen hoch zur Zähringer Burg

Tourbeginn und -ende:
Stadtbahnhaltestelle Reutebachgasse (Linie 2) in der Zähringer Straße

Streckenlänge: *6 Kilometer*

Höhenunterschied:
230 Meter

Einkehrmöglichkeiten:
Waldgaststätte Zähringer Burg, Gastronomie in Zähringen

■ **Auf brückenreichem Pfad durchs Altbachtal**

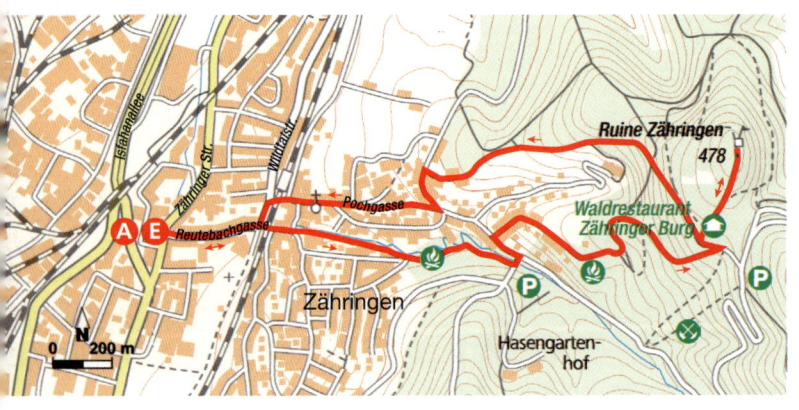

■ **Im Sommer erfrischend kühl: die Altbachschlucht**

Diese Rundtour beginnt an der Stadtbahnhaltestelle Reutebachgasse in der Zähringer Straße. Wir gehen die Straße einige Schritte in nördlicher Richtung und wandern dann nach rechts in die **Reutebachgasse**. Nach 250 Metern unterqueren wir den Bahndamm und biegen nach der Kreuzung mit dem **Kirchweg** in der Kurve in einen Fußweg, der zum Altbach führt. Dieser verwunschene Pfad mit seinen kleinen Holzbrücken windet sich nun zwischen Mauern, Bach, Strauchwerk und kleinen Felsvorsprüngen durch die kühle Schlucht.

Rundwanderung von Zähringen hoch zur Zähringer Burg

Der Weg steigt langsam an, und wir erreichen schließlich oben am Harbuckweg mit seinem Parkplatz wieder die Zivilisation. Am Waldparkplatz erinnert ein Schild an den früheren Standort der »Reutebacher Kirche«. Von dem seit der Reformation evangelischen Ort Reutebach und der 1275 erstmals erwähnten Heiligkreuzkirche ist heute so gut wie nichts mehr zu sehen. Blicken wir hier nach unten, sehen wir eine wie aus den Geschichten der Gebrüder Grimm entsprungene ehemalige Sägemühle beschaulich am Altbach liegen.

Auf dem Weg zur Zähringer Burg gehen wir den **Harbuckweg** nach links und kommen in die **Pochgasse**. Ihr Name erinnert uns daran, dass sich hier früher Silbergruben befanden. Der Name kam wohl von den dumpfen Schlaggeräuschen, die in den Minen zu hören waren. Unsere Vorfahren nannten die Maschinen zum Zerkleinern der Erzbrocken »Pochwerk«. Sie wurden, wenn möglich, durch ein Wasserrad angetrieben. Gab es keine solche Maschine, mussten Kinder, »Pochjungen« genannt, diese harte Arbeit verrichten. Direkt an der Kreuzung

■ **Hat was von Hänsel und Gretel: ehemalige Sägemühle**

■ **Skulpturenhalle für Künstler der konkreten Kunst**

steht die 1998 in klaren modernen Formen gebaute Skulpturenhalle der »Stiftung für konkrete Kunst Roland Phleps«, ein architektonischer Blickfang im Kontrast zum sonst sehr dörflich geprägten Umfeld. Diese private Kunstgalerie bietet immer wieder interessante Ausstellungen moderner Skulpturen und zeitgenössischer Malerei an.

In der Pochgasse halten wir uns kurz links, bis rechts der bergauf führende **Kohlerweg** abzweigt. Ab Ende dieses asphaltierten Wegs wandern wir über einen Fußweg (gelbe Raute) hoch bis zur Waldgaststätte »Zähringer Burg«. Von hier führt ein ausgeschilderter schmaler Wanderpfad direkt zur Burgruine.

Zähringer Burg

Die einstige Stammburg der Zähringer entstand um 1080. Bald darauf verlegte das Adelsgeschlecht seinen Herrschaftssitz auf den nahen Schlossberg und gründete die Stadt Freiburg. Die alte Burg wechsel-te in der Folgezeit immer wieder ihre Besitzer. Sie besteht heute im Wesentlichen noch aus Rundturm, Gräben und ein paar Mauerresten. Der Bergfried diente den Bergherren bei Belagerungen als letzte Zufluchtsstätte. Im Bauerkrieg 1515 wurde der Turm zerstört, im 19. und 20. Jahrhundert vor dem Verfall gerettet und zum Aussichtsturm ausgebaut. Von da oben hat man an klaren Tagen eine wunderbare Sicht auf die nahen Schwarzwaldhänge mit ihren großen Bauernhöfen, das weite Oberrheintalmit dem Kaiserstuhl und den abschließenden Vogesenkamm im Westen.

Anschließend gehen wir wieder zurück und halten uns unterhalb der Waldgaststätte rechts. Wir wählen den unteren Weg und folgen ihm immer geradeaus. Es geht zunächst durch den Wald, weiter unten beschreibt er eine Linkskurve, und wir wandern den **Leinhaldenweg** bis zur Einmündung in die **Vordere Poche** am Waldrand entlang. Wir halten uns dann links und kommen wieder in die **Pochgasse**, in die wir nach rechts einbiegen. Es geht bald durch den alten Zähringer Ortskern mit der 1823/24 im Weinbrenner-Stil erbauten St.-Blasius-Kirche. Nach Unterquerung der Bahnlinie kommen wir in die **Wildtalstraße**. Wir biegen nach links und kommen wieder in die **Reutebachgasse**, auf der wir nach kurzer Zeit den Ausgangspunkt erreichen.

■ **Burg Zähringen: Bergfried aus dem 13. Jahrhundert**

Informationen von A bis Z

WICHTIGE ADRESSEN UND HINWEISE

Freiburg Wirtschaft Touristik und Messe GmbH & Co. KG (FWTM)
Neuer Messplatz 3, 79108 Freiburg
Telefon (07 61) 38 81 8 80
Fax (07 61) 38 81 14 98
www.fwtm.freiburg.de

Tourist Information am Rathausplatz
Rathausplatz 2-4, 79098 Freiburg
Telefon (07 61) 38 81-8 80
Fax (07 61) 38 81-14 98
https://visit.freiburg.de

Informationen zur Umwelthauptstadt Freiburg
Green City Freiburg
City of Freiburg, Office for Sustainability
Stadt Freiburg, Büro für Nachhaltigkeit
Telefon (07 61) 2 01-10 25
Fax (07 61) 2 01-10 98
www.freiburg.de

WICHTIGE INTERNETADRESSEN

www.badische-zeitung.de
(Badische Zeitung)

http://bz-ticket.de
(Tipps, Termine, Tickets, Internetservice der Badischen Zeitung)

www.freiburg.de
(offizielle Internetseite der Stadt Freiburg)

www.freiburg-fuer-alle.de
(alle wichtigen Infos für Menschen mit Handicap in Freiburg)

www.fudder.de
(Neuigkeiten aus Freiburg von der Badischen Zeitung)

www.freiburg-im-netz.de
(mit vielen aktuellen Informationen zu Freiburg)

EINKAUFEN IN FREIBURG

Die Breisgaumetropole hat sich in den letzten 15 Jahren für die Menschen der Region Freiburg, Basel, Colmar und Südschwarzwald zu einem beliebten Einkaufsparadies entwickelt. Besonders an Samstagen brodelt es in den Fußgängerzonen regelrecht vor einkaufswilligen Menschen, so dass von den munter plätschernden Bächle fast nichts mehr zu hören ist. Trotz Massenandrangs konnte sich Freiburg jedoch sein einzigartiges buntes und gemütliches Flair bewahren, wodurch Einkaufen und Bummeln in Freiburg nach wie vor ein schönes Erlebnis ist. Shoppinghungrige werden an vielen Orten in der Stadt fündig. Das Bermudadreieck mit einer

■ **Blick vom Restaurant Skajo über die Dächer zum Martinstor**

hohen Dichte an ausgefallenen und exquisiten Geschäften befindet sich in der sogenannten »Oberen Altstadt«: zwischen der Fischerau im Südwesten, der Marienstraße im Südosten und der Münzgasse im Norden. Hier bieten zahlreiche Geschäfte in der Schuster- und Salzstraße Antiquitäten, Schmuck, Lederwaren, Souvenirs, Geschenkwaren und vieles mehr an. Uhren, ausgewählte Antiquitäten, schöne Leuchten und Kunsthandwerkliches und einiges mehr können in der wunderschön angelegten Konviktstraße erstanden werden. Die Gerberau, Fischerau sowie die Marienstraße sind wahre Fundgruben an hübsch gestalteten »Lädle« mit schönen Accessoires, Antiquitäten, edlem Spielzeug, asiatischem und arabischem Interieur. Eine große Vielfalt an Geschäften findet man auch in den zahlreichen Passagen wie der Dietlerpassage, Dreisameckpassage, Markthalle oder im Einkaufszentrum

Schwarzwald-City, in dem zahlreiche Boutiquen und kleinere Geschäfte ihre Ware anbieten.
Nicht versäumen sollten Sie bei einem Einkaufsbummel die Kaiser-Joseph-Straße, den Rathausplatz mit der Rathausgasse und natürlich den Münsterplatz.

GESCHENKE, KURIOSES

Beliebte Mitbringsel aus Freiburg sind neben Schwarzwälder Spezialitäten wie Räucherschinken, Kirschwasser und Kuckucksuhren Fläschchen mit Tannenliebe, einem alkoholfreien Getränk aus Bio-Tannenhonig, oder der Williams-Christ-Brand Freiburger Bächletröpfle. Beliebt sind auch die kleinen Bächleboote aus dem Reha-Laden, die man in den Bächle an einer Schur hinter sich herzieht. Fündig wird man immer auch auf dem Münstermarkt mit seinen vielen lokalen Leckereien. Man findet hier zum

■ **Kultig: Bächleboote**

Beispiel neben Kirschwassersalami auch die Stängel, besondere Schwarzwaldsalami oder Stefans Käsekuchen in verschiedensten Variationen, der Verkaufsstand ist inzwischen eine Institution in Freiburg.

REHA-Laden
Moltkestraße 5
www.reha-verein.de
Charmanter Laden mit allerlei Spielsachen und bunten Hängematten, die alle von Menschen mit Behinderung hergestellt werden. Absoluter Hit sind die Freiburger Bächleboote.

Ruth Eigelshoven KeramikObjekte
Insel 6
www.eigelshovenkeramik.de
Handgefertigtes Geschirr und Brunnenobjekte für den Innen- und Außenbereich.

GaF GaF
Gerberau 26
www.gafgaf.de
Schöne Auswahl an asiatischem Interieur, Stoffen, Figuren, Tischsets, Besteck, Schmuck, Windlichtern, Kerzen, Lampen und vielem mehr.

Huitzilopochtli
Egonstraße 14 (Stühlinger)
www.huitzilopochtli.de

Origineller Gemischtwarenladen: Mode aus Naturfasern, Ledergürtel, Schals, Schmuck (Swarowski), Glas, Keramik, Engel, Tees, Papeterie (handgeschöpftes Papier) und einiges mehr.

WOHNINTERIEUR, DESIGN

MuLan fine asian arts & furniture
Salzstraße 28
www.mu-lan.de
Alles aus Asien: Interieur, schöne Möbel, Schmuck, Kleidung etc. Reiche und gute Auswahl.

Blaue Lilie
Salzstraße 37/39 und Schwarzwaldstraße 78d
www.blauelilie.com
Allerlei Wohninterieur und -accesoires im nordischen Landhausstil.

Collage
Konviktstraße 45
www.collageshop.de
Der Laden für schönes Wohnen, viele gute Geschenkideen.

Hildas Zimmer
Herrenstraße 45
www.hildaszimmer.de
Schöner Laden für ausgefallene, schöne Wohnaccessoires.

Hartmann Einrichtungen
Lehener Straße 51
www.hartmann-naturmoebel.de
Naturholzmöbel und Wohnaccesoires, die den höchsten ökologischen Standards entsprechen.

Raumpunkt
Kaiser-Joseph-Straße 269
www.raumpunkt.de
Das Einrichtungshaus mit schicken Möbelstücken und Wohnaccessoires in allen Preislagen. Designerware.

KIDO
Fischerau 14
www.kido-freiburg.de
Alles ums japanische Wohnen: Futons,
Tatami, Paravents, Lampen, Kimonos,
Keramik, Buddha-Figuren, Rollbilder,
Bücher, Räucherstäbchen etc.

NATURKOST- UND BIOLÄDEN, FAIRER HANDEL

VITA Naturmarkt
Robert-Bunsen-Straße 6
Industriegebiet Nord

Alnatura Super Naturmärkte
Innenstadt:
Kaiser-Joseph-Straße 282
Fahnenbergplatz 3
Vauban:
Merzhauser Straße 179

Alternative Der Biomarkt Freiburg
Dietenbachstraße 2 (Betzenhausen)

Bioladen St. Georgen
Blumenstrasse 36 (St. Georgen)

Die Flocke Naturkost GmbH
Heinrich-Heine-Straße 18 a
(Littenweiler)

Glaskiste – natürlich unverpackt, regional und biologisch
Moltkestraße 15 (Innenstadt)

Marktladen Rieselfeld
Carl-von-Ossietzky-Straße 1
(Rieselfeld)

Naturkost in Herdern
Hauptstraße 82

Quartiersladen
Vauban-Allee 18 (Vauban)

Solaris Naturkosthandel
Wentzinger Straße 48 (Stühlinger)

Verde BioMarkt
Habsburgerstraße 48 (Herdern)

FAHRRADFAHREN

Freiburg als weithin bekannte Fahrrad-
stadt ist mit seinem gut ausgebauten
Netz an Fahrradwegen ein Eldorado
für Radler. Für das Fahren in der Stadt
und der näheren Umgebung ist der von
der Stadt herausgegebene »Fahrrad-
stadtplan« zu empfehlen. Neben allen
Radwegen in und um Freiburg sind
auch schöne Radwandervorschläge ins
Umland verzeichnet sowie viele wichtige und nützliche Adressen im Bezug
aufs Fahrradfahren in Freiburg. Er ist
im örtlichen Buchhandel oder bei der
Rathaus-Information günstig erhältlich.
Wer ein Fahrrad leihen möchte, dem
seien folgende Adressen empfohlen:

Fahrradverleih

**mobile – Fahrradstation und
Mobilitätszentrale Freiburg**
www.freiburgbikes.de
Wentzinger Straße 15
Telefon (01 76) 54 32 98 98
(bei der Wiwili-Brücke hinterm
Hauptbahnhof)

■ **Voll im Trend: Unverpackt**

■ **Alles ums Rad: Radstation**

Extrabikes
Marie-Curie-Straße 1 (Vauban)
Telefon (01 75) 9 94 50 95
www.bike-verleih-freiburg.de

Call a Bike Station
Service am Hauptbahnhof der Deutschen Bahn. CallBikes einfach per App, Telefonanruf, Kundenkarte oder Terminal ausleihen.
Bismarckallee 5
Telefon (0 69) 42 72 77-22
www.callabike-interaktiv.de

FESTE UND VERANSTALTUNGEN RUND UMS JAHR

Hier sind die wichtigsten alljährlichen Veranstaltungen auf einen Blick. Das jeweils genaue Datum erfahren Sie bei der Tourist Information Freiburg (siehe oben).

Januar/Februar

freiburg-grenzenlos-festival
Internationales Kabarett unter dem Motto »Scharf, schräg, politisch, aber auch literarisch und poetisch«.
www.freiburg-grenzenlos-festival.de

Fasnacht
Straßenfasnet und Rosenmontagsumzug durch die Innenstadt mit Gruppen der schwäbisch-alemannischen Fasnacht und aus der Schweiz und dem Elsass.
www.breisgauer-narrenzunft.de

März

Freiburg Marathon
www.mein-freiburgmarathon.de

Mai

St. Georgener Weintage
Fest der Vereine im alten Ortszentrum von Wendlingen
www.fc-stgeorgen.de

Freiburger Frühjahrsmess
Frühjahrs-Kirmes auf dem Messegelände am Flugplatz
https://freiburgermess.freiburg.de

Juni bis September

Sommer in Freiburg
Konzerte, Feste, Lesungen und Ausstellungen
www.freiburg.de/sommer

Juni

Tag der Musik
Musikkapellen aus der ganzen Region spielen in der Innenstadt.
www.freiburg.de/tagdermusik

■ **Freiburger Fasnacht**

Oberlindenhock
traditionelles Stadtfest im Stadtteil
Oberlinden
www.oberlindenhock.de

Juli

Freiburger Weinfest
Sechs Tage steht der Münsterplatz
ganz im Zeichen des badischen
Weines.
https://weinfest.freiburg.de

Zelt-Musik-Festival (ZMF)
auf dem Parkplatz des Mundenhofs,
mit vielen internationalen Stars, Artisten und Künstlern
http://zmf.de

Museumsnacht
mit über 100 Programmpunkten an
vielen Orten
www.freiburg.de/museumsnacht

Freiburger Laufnacht
Großes Lauffest für alle Altersgruppen
www.freiburger-laufnacht.de

Seefest Freiburg
am Flückiger See mit großem
Feuerwerk

Ende Juli – Ende August

Rathaushofspiele
Freilichtspiele im Rathaus-Innenhof
(Wallgrabentheater)
www.wallgraben-theater.com

August

Freiburger Weinkost
kleines, aber feines Weinfest im historischen Kaufhaus am Münsterplatz

Oktober

Freiburger Herbstmess
Herbst-Kirmes auf dem Messegelände
https://freiburgermess.freiburg.de

November

Varieté am Seepark
www.variete-am-seepark.de

Ende November bis 24.12.

Freiburger Weihnachtsmarkt
auf dem Rathausplatz und umliegenden Gassen und Plätzen
https://weihnachtsmarkt.freiburg.de

Weihnachtszeit bis 6.1.

Circolo
Freiburgs Weihnachtsmanege auf dem
Messplatz am Flugplatz: Artisten, Jon-
gleure und Comedy-Künstler aus der
ganzen Welt sind in Freiburg zu Gast.

GÄRTEN UND PARKS UND SONNENPLÄTZE

Botanischer Garten
Der Park wurde 1912 als vierter botanischer Garten in einem klimatisch
günstigen Gebiet im Norden der
Stadt angelegt (siehe auch Stadttour 13). Heute ist er inmitten der
Häuserblöcke des Wohn-, Klinik- und
Universitätsviertels von Herdern eine
grüne Oase, in der zahlreiche seltene
Pflanzen aus aller Welt zu bestau-
nen sind. Spezielle Sonderschauen
greifen interessante Themen wie
beispielsweise den Anbau von Heil-
und Küchenkräutern auf. Unbedingt
lohnenswert sind auch die vier
großen Schaugewächshäuser (geöffnet
Montag bis Donnerstag 12 bis 16 Uhr
und Sonntag von 14 bis 16 Uhr). Der

■ **Faszination Botanischer Garten**

Außenbereich des Parks ist täglich geöffnet von 8 bis 18 Uhr, Eintritt kostenlos.

Colombipark

Der Colombipark am Rotteckring im Westen der Innenstadt ist ein idealer Platz, um nach einem Einkaufbummel in der Altstadt etwas in der Natur zu entspannen. Der Colombipark ist der Rest eines ehemaligen Landschaftsparks, der circa 1860 auf den Ruinen der Vauban'schen Festungsanlagen um das hübsche Colombischlösschen angelegt wurde. Im Schatten von alten Kastanienbäumen und des Schlösschens warten zahlreiche Bänke auf ruhebedürftige Besucher.

Ein Rasenrondell mit Springbrunnen bildet den Kern der Parkanlage. Auch der niedliche Schneckenreiterbrunnen von 1906 ist einen Besuch wert. Richtung Eisenbahnstraße informiert ein Weinlehrpfad über die verschiedensten Rebsorten und erinnert an die frühere Nutzung des Geländes als Rebberg.

Dreisamufer

Entlang der Dreisam gibt es viele schöne Liegeflächen, auf denen man neben dem herrlich rauschenden Fluss die Sonne genießen kann. Wem es zu heiß wird, der spaziert einfach ins Wasser.

Seepark

Rund um den Flückigersee im Freiburger Westen erstreckt sich das Herzstück der ehemaligen Landesgartenschau: der Seepark. Der mit 35 000 Quadratmetern größte innerstädtische Park bietet rund um

■ **Charmant: Colombipark**

Informationen von A bis Z

den Badesee allerlei: Tretbootverleih, Aussichtsturm mit Weitblick, Schauweinberg, den wackeligen Pontonsteg, eine Seebühne, zahlreiche moderne Kunstwerke, einen Minigolfplatz, eine Ökostation und vieles mehr. Das gründliche Erkunden des Seeparkgeländes ist ein tagesfüllendes Besuchsprogramm (siehe auch Stadttour 12). Unbedingt lohnend ist ein Abstecher in den japanischen Garten westlich des Bürgerhauses, den Gärtner aus Freiburgs japanischer Partnerstadt Matsuyama kunstvoll angelegt haben.

Stadtgarten

Der 1888 auf Flächen der alten Burgbastei von Vauban und des ehemaligen Exerzierplatzes der Karlskaserne angelegte Stadtgarten liegt nördlich der Freiburger Altstadt im Stadtviertel Neuburg. Wer auf den großen Liegewiesen zwischen bunten Blumenbeeten und lauschigen Weihern seine

Ruhe sucht und die Sonne genießen möchte, ist hier genau richtig.

Ein Denkmal ganz besonderer Art inmitten des Ententeichs ist einem Freiburger Erpel gewidmet. Es erinnert an den schweren Luftangriff 1944, als die romantische Parkanlage mitsamt der daneben stehenden Festhalle und den umliegenden Stadtvierteln im Bombenhagel unterging. Der Erpel soll vor Bombardierungen immer wieder durch sein heftiges Schnattern aufgefallen sein. Beim schweren Angriff am 27. November setzte der Fliegeralarm erst ein, als bereits die ersten Bomben fielen. Da der Enterich aber davor wieder mit seinem lauten Geschnatter begonnen hatte, so die Berichte der Überlebenden, konnten einige so gewarnte Anwohner den nahen Luftschutzbunker im Schlossberg gerade noch rechtzeitig erreichen. Ob der Erpel den Angriff überlebte, ist nicht

■ **Naturoase Stadtgarten**

■ **Unvergessen: Freiburger Erpel**

■ **Sonnenbank Stühlinger Kirchplatz**

bekannt, aber durch das Denkmal der Stadt bleibt er den Freiburgern in Erinnerung.

Stühlinger Kirchplatz
Tagsüber ein herrlicher Platz zum Sonnenbaden, Spielen oder um im Schatten der großen Bäume zu chillen.

GASTRONOMIE IN FREIBURG

Ausflugslokale

Schloß-Café
Kappellenweg 1
Telefon (07 61) 40 38 40
http://schlosscafe-freiburg.de
Auf dem Gipfel des Lorettobergs bietet sich von der großen Terrasse ein herrlicher Ausblick auf die Stadt und die umliegenden Höhenzüge des Schwarzwalds. Auch in den schön erhaltenen Jugendstilräumen im Inneren des über 100 Jahre alten burgartigen Gebäudes lässt sich gut speisen. Neben Kaffee und Kuchen gibt es eine reichhaltige Speisekarte. Nettes

Ausflugsziel für kurze Spaziergänge aus der Innenstadt.
Täglich geöffnet.

St. Ottilien
Kartäuserstraße 135
Telefon (07 61) 6 32 30
www.st-ottilien.com
Idyllische Waldkneipe, vom Kanonenplatz aus in circa 40 Minuten zu Fuß zu erreichen.
April bis Oktober täglich geöffnet, November bis März Samstag und Sonntag geöffnet.

St. Valentin
Valentinstraße 100
Telefon (07 61) 7 07 77 48
www.sanktvalentin.eu
Oberhalb von Günterstal gelegenes Waldrestaurant in einer alten Einsiedlerklause mit schönem Biergarten unter Walnussbäumen. Ein wunderbarer Platz inmitten einer herrlichen Naturlandschaft, um einen der legendären Pfannkuchen oder Wild- und Fischgerichte zu genießen.
Täglich geöffnet.

St. Barbara
Sonnenbergstraße 40
Telefon (07 61) 6 96 70 20
www.stbarbara-freiburg.de
Ruhig gelegenes Waldcafé und
-restaurant oberhalb des Stadtteils
Littenweiler mit herrlichem Blick ins
Dreisamtal. Gute badische Küche, die
man an langen Bauerntafeln genießt.
Wildgerichte aus eigener Jagd.
Im Sommer täglich geöffnet, November bis März Montag bis Mittwoch
Ruhetag.

Waldrestaurant Zähringer Burg
Reutebacher Höfe 7
Telefon (07 61) 5 43 22
www.waldrestaurant-zaehringerburg.de
Schön gelegenes Höhenrestaurant bei
der Burgruine Zähringen mit lauschiger Aussichtsterrasse.
Gute Küche mit zahlreichen regionalen, aber auch internationalen

Gerichten. Spezialität des Hauses sind
die leckeren Käsefondues und Wildgerichte. An bestimmten Sonntagen
gibt's von 9.30 bis 14 Uhr Brunch.
Kaffee und Kuchen.
Mittwoch bis Freitag ab 16 Uhr, Samstag und Sonntag ab 12 Uhr. Montag
und Dienstag Ruhetag.

Restaurant Jesuitenschloss
Jesuitenschloss 1
Telefon (07 61) 47 74 75 71
http://jesuitenschloss.de
Schönes Lokal mit herrlicher
Aussichtsterrasse im Jesuitenschloss
oberhalb von Merzhausen. Kreative
badische Küche.
Montag Ruhetag.

Busse's Waldcafé
Idyllisch in der Natur beim Waldsee
gelegenes Café mit hausgemachten
Kuchen, Waffeln, Frühstück und

■ **Weinlokale am Münsterplatz**

■ Badische Kuchenparadiese

weiteren Leckereien. Schön gestalteter Innen- und Außenbereich.

Restaurant Waldsee
Waldseestraße 84
Telefon (07 61) 7 36 88
www.waldsee-freiburg.de
Das lauschige Lokal bietet von seiner großen Terrasse aus einen herrlichen Blick auf den gleichnamigen See. Klassische Gerichte, Kaffee und Kuchen.
Täglich geöffnet, sonntags Brunch.

Hofwirtschaft auf dem Mundenhof
Mundenhof, Haus 15
Telefon (07 61) 89 42 19
https://mundenhof-hofwirtschaft.de
Auf dem großen, überdachten Biergarten und in der Wirtschaft werden regionale und hausgemachte Spezialitäten angeboten. Besonders beliebt ist das Hofeis.

Cafés

Innenstadt

Altstadt-Café
Gerberau 12
Telefon (07 61) 3 05 03
Café mit gemütlicher Atmosphäre in der Gerberau. An sonnigen Tagen kann man seine tellergroße »Apfelwähe« auch auf der einzigartigen Terrasse über dem rauschenden Gewerbekanal genießen. Große Auswahl

an Vollwertkuchen aus ökologischen Zutaten.

Homemade Sweets Company
Schiffstraße 14
www.homemade-sweets.de
Kreative Eisdiele und Café mit leckeren Cupcakes (auch vegan, gluten- und laktosefrei), Brownies und vielem mehr. Lockere, nette Atmosphäre.

Confiserie Gmeiner
Kaiser-Joseph-Straße 243
Telefon (07 61) 42 99 17 30
www.chocolatier.de
Renommiertes und traditionsreiches Kaffeehaus mit exzellenten Konditoreiwaren und Schokoladenspezialitäten. Elegantes Interieur.

Café Marcel
Im Stadtgarten 1
www.cafemarcel.de
Beliebtes Café im grünen Stadtgarten mit frischen Croissants und Pains au chocolat aus Frankreich. Das Marcel liegt direkt an der Talstation der Schlossbergbahn.

■ Legendär: Kolben Kaffee

■ **Café-Meile im Univiertel**

Café Schmidt
Bertoldstraße 19 a
www.cafeschmidt.de
Telefon (07 61) 3 69 67
Das traditionsreiche Café besticht
nicht gerade durch eine geschmack-
volle Inneneinrichtung, aber umso
mehr durch die große Auswahl an
süßen Köstlichkeiten wie die »Freiburger Schlossbergnüsse«, »Münster-
spitzen« oder »Freiburger Bobbele«.

Kolben-Kaffee-Akademie
Kaiser-Joseph-Straße 233
Telefon (07 61) 3 87 00-13
www.kolbenkaffee-freiburg.de
Gut besuchtes traditionsreiches Steh-
Café direkt neben dem Martinstor.
Etwas veraltetes Ambiente, aber mit
leckeren Kuchen und guter Kaffeeaus-
wahl. Während der warmen Jahreszeit
bietet das »Koka« Außensitzplätze
entlang der Seitenstraße.

Uni-Café (UC)
Niemensstraße 7
Telefon (07 61) 38 33 55
Das UC scheint vor allem jüngeres
Publikum aus den nahen Unigebäu-
den magnetisch anzuziehen. Es kann
den ganzen Tag über gegessen und
getrunken werden. An Wochenenden ist der Altersdurchschnitt etwas
ausgeglichener.

Café Journal
Universitätsstraße 3
Telefon (07 61) 3 06 34
https://cafejournal.eu
Schräg gegenüber dem UC genießen
eher die Studierenden der höheren
Semester ihren Milchkaffee. Gutes
Frühstück.

Café POW
Belfortstraße 52
Telefon (07 61) 76 99 11 51
https://gruenhof.org
Alternatives Café mit gemütlichem
Innenhof, entspannter Atmosphäre,
gutem Kaffee und leckeren Gerich-
ten; viele vegetarische und vegane
Speisen und Zutaten aus regionalem
Anbau. So bunt gemischt wie die
Tische und Stühle im Hof ist auch das
POW-Publikum.

Jos Fritz Café
Wilhelmstraße 15/1

■ **Jos-Fritz-Café im Grün**

◼ Kneipencafé Schwarzer Kater

Telefon (07 61) 3 00 19
www.josfritzcafe.de
Alternativer Szenetreff, in dem regelmäßig Bandauftritte, Lesungen und politische Veranstaltungen stattfinden. Tagsüber Café, abends Bar. Vorne der Buchladen, hinten die Café-Bar, charmanter Garten. Das Lokal war das wild pochende Herz der linksalternativen Szene in Freiburg.

Café Ruef
Kartäuserstraße 2
Telefon (01 76) 22 85 20 28
Das urige Wohnzimmer ganzer Studentengenerationen mit inzwischen etwas ramponiertem Original-Ambiente aus den 1930er-Jahren. Nette Atmosphäre und auch gutes Essen. Ein origineller Mix aus Café, Konditorei, Kneipe und Weinhandlung; jeden Morgen schon ganz früh geöffnet. An Wochenenden gibt's hier Konzerte und an Sonntagvormittagen Jazz-Brunch.

Schwarzer Kater
Bertoldstraße 26
Telefon (07 61) 3 67 47
Beliebtes Kneipencafé im Univiertel. Meist studentisches Publikum. Gutes Frühstücksangebot und günstige Gerichte. Lauschiger Außenbereich.

Nördlich der Innenstadt

Café Liebes Bisschen
Komturstraße 33
Telefon (07 61) 61 25 50 64
www.liebes-bisschen.net
Gemütliches Café im Stadtteil Brühl/Beurbarung mit leckerem Sonntagsbrunch. Angenehme Atmosphäre, sehr freundlicher Service. Salate, unterschiedliche Gerichte, auch für Veganer, gute selbstgebackene Kuchen und kreative Frühstücksauswahl.

Wiehre

Café au lait
Brombergstraße 33
Telefon (07 61) 88 85 16 62
www.cafeaulait-freiburg.de
Kultur-Café in der Wiehre mit regelmäßigen Veranstaltungen. Im Sommer kann man draußen Kaffee, hausgemachten Kuchen und die schönen Jugendstilfassaden der umliegenden Häuser genießen. Auch ein nettes Plätzchen zum Frühstücken.

Westlich der Innenstadt

blumenCafé
Humbergweg 14 (Lehen)
Telefon (07 61) 1 56 05 00
www.blumencafe.de
Herrliche Kaffeeoase in einer Baumschule am westlichen Rand von Freiburg. Leckere Kuchen- und Frühstücksauswahl, Wochenkarte.

Café Satz
Guntramstraße 57 (Stühlinger)
Telefon (07 61) 15 61 57 60
www.seinlaedele.de/CafeSatz.html

◼ Charmant: Café Satz

■ **Stiller Gast an der Kajo**

Gemütliches Buchcafé, schöne Außensitzplätze mit Blick auf das muntere Treiben im Stühlinger. Man kann hier auch gebrauchte Bücher kaufen und beim Trinken des fair gehandelten Kaffees aus biologischem Anbau gemütlich drin schmökern. Gute, selbst gebackene Leckereien und nette Atmosphäre. Das Café ist Teil des gegenüberliegenden »S'Einlädele«, einer sozialdiakonischen Einrichtung der evangelischen Kirche.

Café Einstein
Klarastraße 29 (Stühlinger)
Telefon (07 61) 88 53 08 09
www.cafe-einstein.de
Legendäres Café, Restaurant und Bar im Stühlinger, attraktive Speisekarte, Mittagstische, viele vegetarische und auch vegane Gerichte, gute Frühstücksangebote, Kaffee und Kuchen.

Café Hermann
Wentzinger Straße 15 (Wiwilibrücke)
www.radstation-freiburg.de/
cafe-hermann
In der Radstadion bietet das Café Hermann eine vielfältige Speisekarte mit neuen Kreationen und saisonalen

(Maultaschen-)Gerichten. Großes Kuchenbuffet. Aussicht auf die ankommenden und abfahrenden Züge und die Schwarzwaldhöhen gratis. Bestens erreichbar für alle, die mit Fahrrad und Stadtbahn unterwegs sind.

Mohrentopf Hofcafé
Haslacherstraße 41a
www.mohrentopf.com
Kleines, beliebtes Café in einem netten Innenhof. Allerlei leckere Süßigkeiten, Waffeln und herzhaftes wie Quiche. Gemütliche und herzliche Atmosphäre.

Gartenlokale und Biergärten

(Öffnungszeiten im Sommer bei schönem Wetter)

Innenstadt

Feierling Biergarten
Gerberau 46
https://feierling.de/biergarten
Sonntag und Montag Ruhetag. Er braucht eigentlich gar nicht genannt zu werden, weil man sowieso fast drüber stolpert. Unter den alten Kastanienbäumen ist es an lauen Sommerabenden immer rappelvoll.

■ **Biergarten Feierling**

Café Extrablatt
Schreiberstraße 1
https://cafe-extrablatt.de
Täglich geöffnet.
Südlich der Innenstadt, direkt an der rauschenden Dreisam liegt das Extrablatt. Beliebte Frühstücksauswahl. Das Lokal besticht vor allem durch seine Lage am Wasser mit Liegestühlen zum Chillen.

Ganter-Hausbiergarten und Wodan-Halle
Leo-Wohleb-Straße 4
www.ganter-hausbiergarten.de
Im Hof sprudelt das frische Ganterbier sozusagen direkt aus der Quelle. Neben deftigen Speisen darf man wie in Bayern seine eigene Brotzeit mitbringen. Also Picknickkorb packen und vor Ort für mitgebrachte Würste und Steaks einen kleinen Grill mieten. Regelmäßige Konzerte. Täglich geöffnet.

Kastaniengarten Greiffenegg Schlössle
Schlossbergring 3
www.greiffenegg.de/ kastaniengarten.html

■ **Großer Meyerhof**

Herrlicher Blick auf die Dächerlandschaft von Freiburg. Hier kann man unter den Kastanien auch die wundervollsten Sonnenuntergänge über Freiburg genießen. Mit Selbstbedienung. Täglich geöffnet.

Brühl

die Kantina
Berta-Ottenstein-Straße 3
https://die-kantina.de
Schönes Restaurant mit großem Biergarten in einem lauschigen Garten am alten Güterbahnhof. Es werden gute badische und saisonale Gerichte serviert und am Sonntag gibt's Brunch.

Östlich der Innenstadt

Zum Stahl
Kartäuserstraße 99
www.zum-stahl.de
Großer, lauschiger Biergarten unter Linden und Kastanien im Stadtteil Oberau. Hier wie im stilvollen Gastraum werden badische und französische Gerichte serviert. Im Biergarten machen die Gerüche aus der Grillstation Lust auf Herzhaftes. Täglich geöffnet.

Westlich der Innenstadt

Biergarten am Seepark
Neben dem Bürgerhaus am Flückingersee
Man sitzt direkt am Seeufer unter Kastanien mit herrlichem Blick über den See bis zum Münster.
Montag bis Samstag ab 12 Uhr, Sonntag (und feiertags) ab 11 Uhr

■ **Letzte Sonnenstrahlen im Greiffenegg-Schlössle genießen**

RESTAURANTS, WEINSTUBEN

Badische Küche

Innenstadt

Großer Meyerhof
Grünwälderstraße 1
Telefon (07 61) 3 83 73 97
www.grosser-meyerhof.de
Gute badische Küche und Weine,
schöne historische Gasträume. An
Samstagabenden finden häufig kulturelle Veranstaltungen statt. Reservierung empfohlen. Sonntag Ruhetag.

Restaurant Schwabentörle
Oberlinden 23
Telefon (07 61) 6 80 05 65
www.schwabentoerle.de
Kleines badisches Lokal mit einer
guten Auswahl an hausgemachten
Leckereien aus regionalen Zutaten
und badischen Weinen. Reservierung
empfohlen. Sonntag Ruhetag.

Martinsbräu
Kaiser-Joseph-Straße 237
Telefon (07 61) 3 87 00 18
www.martinsbräu-freiburg.de
Hausgebrautes Bier und leckere
badische Gerichte. Direkt an der
Markthalle. Täglich geöffnet.

Hausbrauerei Feierling
Gerberau 46
Telefon (07 61) 24 34 80
www.feierling.de
In der Hausbrauerei sitzt man auf drei
Etagen mit Aussicht auf die glän-
zenden Braukessel. Neben eigenem
Bier gibt's gute badische Gerichte. An
lauen Sommerabenden zieht es die
Massen in den zugehörigen großen
Biergarten auf der gegenüberliegen-
den Straßenseite.
Täglich geöffnet.

Greiffenegg-Schlössle
Schlossbergring 3
Telefon (07 61) 3 27 28
www.greiffenegg.de
Gute badische und mediterrane
Küche im barocken Spiegelsaal mit

■ **Sommerabend im Dattler**

Kaminzimmer und schöner Terrasse mit Stadtblick; Aufzug bis zur Lokalebene.

Schützen
Schützenallee 12
Telefon (07 61) 7 05 99-0
www.schuetzen-freiburg.de
Traditionsreicher Gasthof mit einer vielfältigen Auswahl an klassisch badischen und auch mediterranen Speisen. Schönes historisches Ambiente und großer Biergarten. Günstiger Mittagstisch und Sonntagsbrunch. Täglich geöffnet.

Schlossbergrestaurant Dattler
Am Schlossberg 7
Telefon (07 61) 1 37 17 00
https://dattler.de
Das schön gelegene Restaurant lässt sich durch eine kleine Wanderung auf einem serpentinenreichen Fußweg oder ganz bequem mit einer Seilbahn vom Stadtgarten aus erreichen. Gehobene badische Küche. Die Aussicht ist wunderschön, und das nachmittägliche Kuchenbuffet ist vorzüglich. Dienstag Ruhetag.

Kartoffelhaus
Basler Straße 10
Telefon (07 61) 7 20 01
www.daskartoffelhaus.de
Viele gute Kartoffelgerichte und badische Leckereien, große Auswahl an Salaten. Bei den Gerichten wird großer Wert auf lokale Zutaten und tierfreundliche Kleinbauernbetriebe gelegt. Täglich geöffnet.

Wiehre

Omas Küche
Hildastraße 66
Telefon (07 61) 7 86 86
www.omas-kueche.de
Leichte badische und auch internationale Gerichte, Salate, vegetarische Kreationen. Schöne Gasträume mit gemütlichem Biergarten. Auch gute Kuchenauswahl. Täglich geöffnet.

Goldener Anker
Uhlandstraße 13
Telefon (07 61) 8 88 51 53
http://goldener-anker-freiburg.de
Das Lokal, etwas abseits des Trubels der Altstadt gelegen, bietet im Herzen der Wiehre gute badische und deutsche Gerichte. Schön ist auch der lauschige Biergarten. Täglich geöffnet.

Günterstal

Kybfelsen
Schauinslandstraße 49
Telefon (07 61) 21 11 29 26
www.kybfelsen-freiburg.de
Traditionsreicher badischer Gasthof mit idyllischem Biergarten. Schöne historische Gasträume. Reiche Auswahl an guten badischen und auch internationalen Gerichten. Es wird viel Wert auf heimische Produkte aus der Region gelegt.
Montag und Dienstag Ruhetag.

Opfingen

Gasthaus Blume
Unterdorf 2
Telefon (0 76 64) 6 12 38 89
www.blume-freiburg.de
Traditionsreiches Gasthaus mit großem Biergarten im Stadtteil Opfingen. Hier werden leckere lokale Gerichte wie die »Schwarzwald-Tapas« serviert. Reservierung empfohlen. Täglich geöffnet.

Zähringen

Gasthaus zum Ochsen
Zähringer Straße 363
Telefon (07 61) 55 38 60
Beliebtes badisches Traditionslokal, das vor allem für seine leckeren und großen Schnitzel bekannt ist. Urige Wirtshausatmosphäre. Mittwoch Ruhetag.

Gehobene Gourmet-Küche

Zirbel- und Falkenstube, Colombi Hotel
Rotteckring 16
Telefon (07 61) 21 06-0
www.colombi.de
Führendes Restaurant in Freiburg mit exzellenter Küche, Spitzenweinen und erstklassigem Service. Reservierung empfohlen. Täglich geöffnet.

Kreuzblume
Konviktstraße 31
Telefon (07 61) 3 11 94
www.kreuzblume-freiburg.de
Sehr gutes Restaurant in Oberlinden mit hervorragender Küche. Ein idealer Ort für den besonderen Abend. Modernes, stilvolles Ambiente. Reservierung empfohlen.
Montag und Dienstag Ruhetag.

Wolfshöhle
Konviktstraße 8
Telefon (07 61) 3 03 03
www.wolfshoehle-freiburg.de
Traditionsreiches Lokal in Oberlinden mit sehr gehobener Küche und leckeren kreativen Gerichten. Reservierung empfohlen. Sonntag Ruhetag.

■ **Wirtschaft zur Wolfshöhle**

Drexlers Wein & Essen
Rosastraße 9
Telefon (07 61) 5 95 72 03
www.drexlers-restaurant.de
Gehobenes Restaurant beim Colombipark. Leckere moderne badische Küche mit mediterranem Einfluss und exzellenter Weinkarte. Gasträume sind einfach, aber elegant gestaltet. Sonntag Ruhetag.

Indische Küche

Jaipur
Gerberau 5 (Dietler-Passage)
Telefon (07 61) 27 20 82
www.jaipur-ind.de
Renommiertes, hochwertiges indisches Restaurant mit Stil. Reiche Auswahl an exotisch gewürzten Curry-, Linsen-, Lamm-, Huhn- und Reisgerichten. Sonntag Ruhetag.

Indian Curryhouse
Guntramstraße 2
Telefon (07 61) 38 42 77 01
www.curryhouse-freiburg.de
Beliebtes indisches Lokal im Stühlinger mit authentischer Küche, große Auswahl auch an vegetarischer und veganer Kost. Täglich geöffnet, sonntags erst abends.

Italienische Küche

Enoteca
Gerberau 21
Telefon (07 61) 3 89 91 30
Elegantes Restaurant mit gehobener italienischer Küche. Große Auswahl an italienischen Weinen. Ein guter Ort, um in der Freiburger Altstadt stilvoll italienisch essen zu gehen. Die Enoteca-Trattoria in zwei gemütlichen Kelleretagen bietet eine größere Auswahl an kleinen Speisen mit günstigerem Preisdurchschnitt als das Restaurant an. Sonntag Ruhetag.

d.o.c. – dispensa, osteria, culinaria
Gerberau 9
Telefon (07 61) 38 24 14
https://doc-gerberau.chayns.net
Kleine, familiär geführte italienische Osteria mit einfacher, aber authentischer toskanischer Küche. Sonntag Ruhetag.

La Piazza
Rathausgasse 50
Telefon (07 61) 27 66 96
www.lapiazza-freiburg.de
Beliebtes italienisches Restaurant mit schön eingegrüntem Innenhof mitten in der Altstadt. An Wochenenden immer sehr voll und dadurch etwas hektische Atmosphäre. Täglich geöffnet.

■ **Innenhof vom La Piazza**

Japanische Küche

Basho-An
Merianstraße 10
Telefon (07 61) 2 85 34 05
www.bashoan.com
Traditionsbewusste japanische
Sushi-Küche in typisch puristischem
Ambiente. Leckere Gerichte mit hoch-
wertigen Zutaten, aber auch gehobene
Preise. Sonntag und Montag Ruhetag.

Sushi-Bar
Grünwälderstraße 10
Telefon (07 61) 1 37 55 55
http://sushibar-freiburg.de
Stylish eingerichtete Bar in der
Dietler-Passage mit preiswertem
Sushi. Eine gute Möglichkeit für ein
schnelles, günstiges und trotzdem gu-
tes Mittag- oder Abendessen. Täglich
geöffnet.

Spanische Küche

Casa Española
Adelhauser Straße 9
Telefon (07 61) 2 02 30 40
www.casaespanola.de
Gutes spanisches Restaurant mit
einem großen Angebot an spanischen
Tapas-, Paella- und Fischgerichten
sowie Weinen. Schöner Außenbereich.
Sonntag Ruhetag.

Bardenia Tapas & Vinos
Kirchstraße 70
Telefon (07 61) 88 14 80 60
www.bardenia.com
Schönes spanisches Lokal in der
Wiehre mit guter Tapas-Küche und
reichhaltigem Weinangebot. Sehr
geschmackvolles Ambiente.

■ **Bio-Restaurant Adelshaus**

Thailändische Küche

Chada Thai
Richard-Wagner-Straße 24
Telefon (07 61) 88 15 79 05
www.chadathai.de
Schönes und beliebtes Thai-Restau-
rant in Herdern mit großer Außenter-
rasse. Gute, authentische Thai-Küche.
Täglich geöffnet.

Türkische Küche

Harem
Gerberau 7c
Telefon (07 61) 2 25 33
www.harem-restaurant.de
Gute türkische Küche. Interessante
Gestaltung des Innenraumes mit
Blick auf die alte Stadtmauer. Täglich
geöffnet.

Vegetarische, vegane Küche

Adelhaus
Adelhauser Straße 29-31
Telefon (07 61) 38 38 81 91
http://adelhaus.bio
Schönes Bio-Restaurant mit feinen
vegetarischen und veganen Gerichten,
direkt am Adelhauser Platz. Großes
Buffet mit guter Auswahl. Viele leckere
Kuchen und Desserts. Schöner großer
Innen- und Außenbereich.

Pausenraum
Burgdorfer Weg 19
(Zähringen)
Telefon (07 61) 51 69 06 45
https://pausenraum-freiburg.de
Leckere vegane und vegetarische
Frühstücksangebote und Mittagsti-
sche, Salate, am Nachmittag Kaffee
und Kuchen. Die Zutaten sind,
wenn möglich, regional, saisonal
und in Bio-Qualität und/oder mit
Fair-Trade-Siegel.
Montag Ruhetag, sonst bis 18 Uhr
geöffnet.

Kantine Vauban
Marie-Curie-Straße 1
Telefon (07 61) 4 01 44 70
https://kantinefreiburg.de
Gesunde und lecker-kreative Mittagstische, immer auch vegetarisch
und vegan, nachmittgas Kaffee und
Kuchen. Schöner Außenbereich und
gemütliches Inneres. Zutaten aus regionalem und ökologischem Landbau.
Alle Küchenabfälle werden in einem
eigenen Kreislaufsystem kompostiert
und in wertvolle Erde verwandelt.
Montag bis Freitag bis 17 Uhr
geöffnet.

El Haso
Leopoldring 1
Telefon (07 61) 48 99 42 43
https://el-haso.de
Veganes Lokal in der nördlichen
Innenstadt. In einem urigen Kellerge-
wölbe werden leckere vegane Teller-
gerichte und Burger angeboten. Die
Gemüse stammen von Biolandbauern
aus der Region. Sonntag Ruhetag.

Edo's Hummus Küche
Grünwälderstraße 10-14
Telefon (07 61) 51 95 86 05
http://edoshummus.com

Große Auswahl an Hummusgerichten
mit verschiedenen leckeren Toppings.
Sonntag Ruhetag.

Biokeller Bistro
Konradstraße 17
Telefon (07 61) 70 63 15
www.biokeller-bistro.com
Gemütliches vegan-vegetarisches Bistro in der Wiehre mit schmackhaften
und gesunden Frühstücksangeboten
und Mittagstischen. Hier werden ausschließlich Bioprodukte verarbeitet.
Montag bis Donnerstag bis 14.30 Uhr
geöffnet.

Café Huber
Wentzingerstraße 46
Telefon (07 61) 61 02 41 45
www.huber-freiburg.com
Nettes Café mit leckeren veganen und
vegetarischen Speisen und Kuchen.
Alles frisch und selbstgemacht.
Lockere Atmosphäre. Schnörkelloses,
aber gemütliches Ambiente.

Restaurant Süden
Alfred Döblin-Platz 1 (Vauban)
Telefon (07 61) 45 68 71 61
www.restaurantsüden.de
Ist zwar kein ausschließlich vegeta-
risches Restaurant. Werktags werden
aber immer ein vegetarischer und
ein veganer Mittagstisch angeboten.
Schöne Gartenterrasse.
Täglich geöffnet, sonntags Brunch.

Straußenwirtschaften

Es ist Winzern erlaubt, vier Monate
im Jahr selbsterzeugten Wein auszu-
schenken. Zudem dürfen bodenstän-
dige Spezialitäten angeboten werden.
Häufig gibt es herzhafte Speisen wie
Flammenkuchen, Zwiebelkuchen
(»Waien«), Bratkartoffeln (»Brägele«)

und natürlich alle Arten von Vesper-
tellern mit hausgemachten Würsten.
Die Preise für die selbst erzeugten
Weine und Gerichte sind recht
günstig. Die aktuellen Öffnungszeiten
kann man am besten online abfragen:
www.breisgaustraussen.de.
Hier eine kleine Auswahl von guten
Straußenwirtschaften am Stadtrand
von Freiburg:

Griestal-Strauße
Griestal 2
Telefon (0 76 64) 40 06 75
www.griestal-strausse.de
Etwas oberhalb von Opfingen kann
man in den urigen Bauernstuben
des Ökohofes und im großen Garten
frisch gemachte Brägele, Winzervesper
und badische Leberle genießen.

Schlatthof Strauße
Schlatthöfe 3
Telefon (07 61) 4 18 47
www.schlatthof-strausse.de
Das urige und familienfreundliche
Restaurant in idyllischer Lage südwestlich vom Stadtteil Rieselfeld bietet
leckere Zwiebelkuchen, Schnitzel und
selbst gemachten Apfelsaft an.

Scheunenstrauße, Familie Heitzler
Umkircher Straße 11
Telefon (0 76 65) 74 51
www.scheunenstrausse.de
Gemütliche, familiäre Straußen-
wirtschaft in Waltershofen. Sehr gut
zubereitete Speisen aus qualitativ
hochwertigen Zutaten, das Rindfleisch
stammt aus eigener artgerechter
Haltung.

■ **Kuschelig: Alpakas im Mundenhof**

KINDERPROGRAMM (KLEINE AUSWAHL)

Eine gute Adresse mit vielen aktuellen
Möglichkeiten findet man auf der
Internetseite der Badischen Zeitung:
http://bz-ticket.de

Naturerlebnispark Mundenhof (siehe auch Tour 13)
Mundenhof 15
Telefon (07 61) 89 42 19
Das Stadtgut Mundenhof war früher
einer der größten landwirtschaftlichen Betriebe des Landes. Im Laufe
der letzten Jahrzehnte hat sich daraus
ein 38 Hektar großes Tiergehege mit
Haus- und Nutztierrassen aus aller
Welt, das größte seiner Art in Baden-
Württemberg, entwickelt. Zudem
sorgt auch weiterhin die Landwirtschaft auf rund 180 Hektar für eine
ökologische Kreislaufwirtschaft.
Und um Kindern den direkten
Kontakt mit den Tieren, zur Natur
und Umwelt zu ermöglichen, gibt
es außerdem das naturpädagogische
Projekt KonTiKi.
Der Mundenhof ist ganzjährig geöffnet und immer zugänglich. Der Eintritt ist frei, es wird aber um Spenden
gebeten, und auch die Parkgebühren
dienen dem Unterhalt. Veranstaltun-

gen kosten zwei Euro für Erwachsene, Kinder sind frei. Genauere Infos erfahren Sie am Parkeingang. Anfahrt mit dem Bus: die Bus-Linie 19 fährt dreimal täglich zum Mundenhof. Anfahrt mit dem Pkw: bis zum Parkplatz am Eingang (fünf Euro Parkgebühr).

Planetarium Freiburg
Bismarckallee 7g
Telefon (07 61) 3 89 06 30
www.planetarium-freiburg.de
Das Freiburger Planetarium führt kleine und große Besucher mit spannenden Programmen in die unbekannte Welt der Sterne.

Ökostation, Natur erleben –
Zukunft gestalten
Falkenbergerstraße 21 B
Telefon (07 61) 89 23 33
(siehe Tour 11)
www.oekostation.de
Die Ökostation ist ein ökologisch gestaltetes Modellhaus, das von einem naturnahen Garten umgeben ist. Für Kinder und Erwachsene gibt es vieles zu erkunden: Froschteich, Heilkräutergarten, Beete, Weidenhäuser und vieles mehr. Die Ökostation bietet für die ganze Familie neben Besichtigungen auch interessante Veranstaltungen an: Naturschutz- und Gartenkurse, Exkursionen, Umwelttheater und Freizeiten.
Täglich geöffnet, siehe aktuelles Programm.

Das Freiburger Kinder- und Jugend-theater e. V.
Theater im Marienbad

Marienstraße 4
Telefon (07 61) 3 14 70
www.marienbad.org
Das 1973 gegründete Freiburger Kinder- und Jugendtheater verfügt mit dem »Theater im Marienbad« über eine wunderschöne Spielstätte. Hier werden regelmäßig Stücke für Kinder, Jugendliche und Erwachsene angeboten.

Museumsbergwerk Schauinsland
Telefon (07 61) 2 64 68
www.schauinsland.de
Vom Schauinsland aus kann man nicht nur weit übers ganze Land schauen, der Berg bietet auch tiefe Einsichten in die Unterwelt des Hochschwarzwaldes.
Auf der mühsamen Suche nach kostbarem Silber, Blei und Zink haben die Menschen im Laufe von 800 Jahren den Schauinsland bis in die 1950er-Jahre von Hand Stück für Stück ausgehöhlt. Dadurch wurde ein circa 100 Kilometer langes Grubennetz, verteilt auf 22 Etagen, geschaffen. Es ist das größte des Schwarzwaldes und der Vogesen. Heute kann das gesamte Spektrum des Erzabbaus mit unterschiedlich langen Führungen besichtigt werden. Für Kinder und Erwachsene ein unvergesslicher Ausflug in die Unterwelt des Schwarzwaldes und in das harte Leben unserer Vorfahren.
Anmerkung: Das Schauinsland-Bergwerk ist häufig feucht, die Temperatur beträgt ganzjährig +8 Grad Celsius. Gute Wanderschuhe oder Gummistiefel sind notwendig – und es wird eine warme, strapazierfähige Wanderkleidung empfohlen.

Anreise:

ÖPNV: Mit der Freiburger Stadtbahn Linie 2 bis zur Endhaltestelle nach Günterstal und von dort mit dem Bus zur Talstation der Schauinslandbahn. Dann mit der Seilbahn hoch. Von der Bergstation erreicht man über einen ausgeschilderten Wanderweg das Besucherbergwerk in fünf Minuten. Tipp: An der Talstation gibt es ein günstiges Kombi-Ticket für die Seilbahnfahrt und die Führungen.

Pkw: Das Museums-Bergwerk befindet sich oben auf der Schauinsland-Südseite, rund 400 Meter vom Parkplatz an der L 124 und von der Bergstation der Schauinslandbahn entfernt – dort den Ausschilderungen folgen.

■ **Museumsbergwerk Schauinsland**

WaldHaus
Wonnhaldestraße 6
Telefon (07 61) 89 64 77 10
(siehe auch Tour 7)
www.waldhaus-freiburg.de
Das WaldHaus Freiburg als Zentrum für Wald und Nachhaltigkeit möchte mit seinem naturelebnispädagogischen Ansatz Kinder und Erwachsene durch unterschiedlichste Angebote für die Themen Umwelt, Natur und besonders Wald sensibilisieren. So gibt es für Kinder Erlebnis- und

Workcamps und Nachtwanderungen im Angebot. Im WaldHaus wird Wissen theoretisch und durch handwerkliche Arbeiten, zum Beispiel in der Grünholzwerkstatt, auch praktisch vermittelt. Um das Gebäude herum wird durch Einrichtungen wie Klimapflanzschule, Skulpturenpfad »WaldMenschen«, »Pilzlehrpfad Mycelium« sowie Spiel- und Hüttenbauplätze bei Kindern und Jugendlichen auf vielfältige Weise die Lust und Freude am Wald geweckt.

Anreise:
ÖPNV: Mit der Stadtbahn Linie 2 bis zur Haltestelle Wonnhalde. Von dort zu Fuß durch die Wonnhaldenstraße bis zum Waldparkplatz.
Pkw: Die Schauinslandstraße Richtung Günterstal. An der Stadtbahnhaltestelle Wonnhalde rechts in die Wonnhaldenstraße abbiegen und der Beschilderung folgen.

Bauernhaus-Museum Schniederlihof
Oberried-Hofgrund,
Gegendrumweg 3
Telefon (01 70) 3 46 26 72,
während der Öffnungszeiten:
Telefon (0 76 02) 4 48
(Hinweis des Museumsleiters Hans Schüssele: bei zweiter Nummer das Telefon lange läuten lassen)

■ **WaldHaus**

■ **Museum Schniederlihof**

Gruppen sollten sich vorher telefonisch anmelden.

Das typische Schwarzwaldhaus aus dem Jahre 1593 ist heute ein echtes Zeugnis Schwarzwälder Bauerntradition und vermittelt sachkundig und liebevoll, wie mit Kuchi, dem Schniedesel, der Bühni und der guten Stub mit Herrgottswinkel das Leben der Schwarzwälder Bergbauern früher ausgesehen hat.

Öffnungszeiten: an Wochenenden und Feiertagen, in den Ferien auch unter der Woche außer Montag.

Anfahrt:

ÖPNV: Mit der Stadtbahn Linie 2 bis zur Endhaltestelle nach Günterstal und von dort mit dem Bus zur Talstation der Schauinslandbahn. Dann mit der Seilbahn hoch. Von der Bergstation erreicht man den Hof per pedes, wobei man etwas ins Tal absteigen muss (circa zwei Kilometer).

Pkw: Hoch zum Schauinsland-Parkplatz bei der Bergstation und von dort zu Fuß über gut ausgeschilderten Wanderweg mit herrlicher Aussicht zum Hof (circa zwei Kilometer). Oder auf dem großen Platz in Hofsgrund parken, hinauf zur Kirche gehen und auf dem ebenen Weg in 20 Minuten zum Schniderlihof wandern.

KINOS

CinemaxX
Bertoldstraße 50
www.cinemaxx.de
Multiplex-Großraumkino mit großen Kinosälen. Insgesamt 2200 Sitzplätze.
Programm-Telefon
(07 61) 2 02 81-4 10
Karten-Telefon (0 40) 80 80 69 69

Friedrichsbau Lichtspiele
Kaiser-Joseph-Straße 268
www.friedrichsbau-kino.de
Programmkino mit guten Filmen abseits des Mainstreams.
Karten-Telefon (07 61) 3 60 31

Harmonie Kino
Grünwälderstraße 16-18
www.friedrichsbau-kino.de
Gemütliches Kino mit sechs Sälen, zeigt viele besondere Filme (Arthouse-Filme) und überträgt auch Ballette und Opern.
Karten-Telefon (07 61) 3 86 65 21

Kandelhof
Kandelstraße 27
www.friedrichsbau-kino.de
Älteres kleines Programmkino mit Retro-Flair. Eher anspruchsvolle Filme.
Karten-Telefon (07 61) 2 92 55 77

Kommunales Kino
Urachstraße 40,
www.koki-freiburg.de
im Alten Wiehrebahnhof
Nicht-kommerzielles Programmkino, in dem häufig themenspezifische Filmreihen laufen.
Filme werden meist im Original mit Untertiteln gezeigt.
Karten-Telefon (07 61) 4 59 80 00

Sommernachtskino
Im August/Anfang September bei
jedem Wetter im Innenhof des
Schwarzen Klosters.
Rotteckring 12
http://sommernachts-kino.de
Karten-Telefon (07 61) 3 60 31

KULTURZENTREN

E-WERK Freiburg e. V.
Eschholzstraße 77
Telefon (07 61) 20 75 70
www.ewerk-freiburg.de
In Freiburgs großem soziokulturellem
Zentrum finden jährlich über 400
Veranstaltungen statt. Das Programm
umfasst alle künstlerischen Sparten
von Musik über Tanz bis zur Literatur
und der bildenden Kunst. Es gibt
Workshops sowie Ausstellungen,
Konzerte, Tanz und Theaterstücke
freier Gruppen.
Zum E-Werk gehört auch das Südufer
für Tanz – Theater – Performance:
http://suedufer-freiburg.de.

Theater der Immoralisten
Stühlinger Gewerbehof
Ferdinand-Weiss-Straße 9-11
Telefon (07 61) 3 18 12 12
www.immoralisten.de

■ **Theater der Immoralisten**

■ **E-WERK Freiburg e. V.**

Gleich neben dem E-Werk befindet
sich der Gewerbehof, in dem ein bun-
ter Mix an alternativen Gewerbebe-
trieben beheimatet ist. Neben anderen
auch das Theater der Immoralisten,
das satirische Eigenproduktionen,
gesellschaftskritische Gegenwartsthe-
men und Workshops anbietet.

Bewegungs-Art Freiburg
Ferdinand-Weiß-Straße 6A
Telefon (07 61) 2 02 30 21
www.bewegungs-art.de
Zentrum für Neuen Tanz, Theater
und Improvisation e. V. Der Verein
bietet Kurse und Workshops mit Tanz,
Bewegung, Körperarbeit und Theater
an.

FABRIK
Habsburgerstraße 9
Telefon (07 61) 5 03 65 44,
für Kinderkultur:
Telefon (07 61) 5 03 65 47
www.fabrik-freiburg.de,
www.vorderhaus.de
Zentrum für zahlreiche selbstorga-
nisierte Gruppen und Betriebe im
kulturellen, handwerklichen, sozialen,
politischen und ökologischen Bereich.
Die kleine Bühne im Vorderhaus
zeigt Kindertheater, Kleinkunst und
Kabarett mit Stars oder Newco-
mern. Im großen Garten des Lokals
(Vorderhaus) kann man im Sommer
gemütlich draußen sitzen.

■ **Innenhof Gretergelände**

Freie Künstlergruppe (fkf)
Urachstraße 40,
im Alten Wiehrebahnhof
In erster Linie zeigt die fkf Kunst, die
»eigenständig und unangepasst« sein
soll. So gibt es auch die Möglichkeit,
das »Kunst-Machen« in Kursen der fkf
zu lernen.

Grethergelände
Adlerstraße 12
Telefon (07 61) 2 48 87
www.syndikat.org
Zentrum für alternative Kultur mit
dem Mietshäuser-Syndikat, Radio
Dreyeckland, Frauenzentrum, Archiv
für soziale Bewegungen, Töpferei,
Kitas und mehr. Fast legendär sind
die sommerlichen Hoffeste und das
Strandcafé.

KUNSTGALERIEN

Neben den öffentlichen Museen der
Stadt gibt es in und um die Innenstadt
zahlreiche Atelierräume, Ausstel-
lungshallen und Galerien; sie machen
den Facettenreichtum der Freiburger
Kunstszene aus. Hier eine kleine
Auswahl:

Galerie Bollhorst
Oberlinden 25
www.galerie-bollhorst.de
Hier gibt's zur Kunst einen Kaffee und
neben Keramikgefäßen findet man
hier Skulpturen aus Holz oder Bronze.

T 66 Kulturwerk
Talstraße 66
www.t66-kulturwerk.de
Im Geigesturm finden regelmäßig
interessante Ausstellungen regionaler
und internationaler Künstler statt.

E-Werk Hallen für Kunst
Eschholzstraße 77
www.ewerk-freiburg.de
Forum für neue Künstler, ständig
Ausstellungen, Konzerte, Theater etc.

Kunstraum Foth
Barbarastraße 4
www.artww.de/kunstraumfoth
Neue Medien, Installationen, Perfor-
mances und Aktionskunst.

Kunstverein Freiburg
Dreisamstraße 21
www.kunstvereinfreiburg.de
Schwerpunkt sind die aktuellen Entwicklungen in der Gegenwartskunst.

Galerie Albert Baumgarten
Kartäuserstraße 32
www.galerie-baumgarten.de
Zeitgenössische Kunst und neue
Medien.

MÄRKTE, WOCHENMÄRKTE

Auf dem Münsterplatz findet jeden
Tag außer sonntags ab 17.30 Uhr der
große Münstermarkt statt.
https://muenstermarkt.freiburg.de
Montag bis Freitag 7.30 bis 13.30 Uhr,
Samstag bis 14 Uhr.
Zudem gibt es im ganzen Stadtge-
biet viele kleine Wochenmärkte, die
man im Internet abrufen kann, zum
Beispiel unter
www.freiburg-im-netz.de/stadtinfo/
Wochenmärkte.

MESSE

Das neue Freiburger Messegelände
befindet sich beim Flugplatz im Nord-
westen der Innenstadt im Stadtteil
Mooswald. Die Veranstaltungspalette
reicht von Kongress- und Fachmessen
über Produktpräsentationen und
Verbraucher-Ausstellungen bis hin zu
Groß-Events im Bereich Sport, Kultur
und Fernsehen. Vor allem durch Mes-
sen mit neuen Zukunftstechnologien
wie die »Intersolar« oder »Biodigital«
macht sich Freiburg einen internationalen Namen als Messestadt.
Das genaue Veranstaltungsprogramm
erfahren Sie im Internet unter
www.messe-freiburg.de
oder bei der Tourist Information.

■ **Markttreiben am Fischbrunnen**

MUSEEN

Museumsspaß mit dem Museumspass für das größte Museum der Welt: Über 150 Museen am Oberrhein haben sich gemeinsam beraten und den Oberrheinischen Museumspass entwickelt. Mit diesem Pass hat man ein Jahr lang freien Eintritt in alle Dauer- und Sonderausstellungen. Der Museumspass gilt neben vielen Freiburger Museen zum Beispiel auch für das Basler Kunstmuseum, die Staatlichen Kunsthallen Baden-Baden oder das Unterlindenmuseum in Colmar.

■ **Bedeutend: Augustinermuseum**

Infos: *www.museumspass.com* und Geschäftsstelle Museumspass, *Telefon (0 76 21) 1 61 36 34.* Städtische Museen: *www.freiburg.de/museen* Öffnungszeiten: Dienstag bis Sonntag 10 bis 17 Uhr.

Augustinermuseum
Gerberau 15
Telefon (07 61) 2 01 25 01
Es befindet sich in einem ehemaligen Kloster mit sehenswertem Kreuzgang. Es zeigt bedeutende Oberrheinische Kunst vom Mittelalter bis zur Gegenwart. Sie finden hier Skulpturen des Freiburger Münsters, Bildteppiche, Gemälde oder mittelalterliche Goldschmiedearbeiten.

Museum für Neue Kunst
Marienstraße 10a
Telefon (07 61) 2 01 25 83
Das Museum gibt einen Überblick über Kunstentwicklungen der Moderne und legt seinen Sammelschwerpunkt auf Künstler aus der Region. Vom Expressionismus am Anfang des Jahrhunderts über die Neue Sachlichkeit der 1920er-Jahre, die abstrakte Malerei der 1950er-Jahre bis hin zu aktuellen Entwicklungen präsentiert das Museum einen Überblick zu bedeutenden Kunstströmungen der vergangenen hundert Jahre. Einen festen Bestandteil haben Werke von Künstlern wie Otto Dix und August Macke. Das Museum ist gleichzeitig Forum für wichtige künstlerische und gesellschaftliche Debatten.

Museum Natur und Mensch
Gerberau 32
Telefon (07 61) 2 01 25 66
Das Museum Natur und Mensch vereint Naturkunde und Ethnologie.

Für Kinder und Erwachsene gibt es interessante naturkundliche Ausstellungen; die Erlebnisräume »Wald«, »Wasser« und »Wiese« versprechen ein Erleben mit allen Sinnen. Ein weiteres Highlight ist die Ethnologische Sammlung mit verschiedenen Sonderausstellungen.

Archäologisches Museum Colombischlössle
Rotteckring 5
Telefon (07 61) 2 01-25 74
Allein das neogotische Gebäude aus dem 19. Jahrhundert mit seinem feudalen Treppenhaus ist schon einen Besuch wert (siehe Tour 1). Das darin untergebrachte Museum führt anschaulich durch die Geschichtsepochen bis zum Mittelalter. Eindrucksvolle Zeugnisse geben interessante Einblicke in die damalige Kultur, Religion und den Alltag am Hoch- und Oberrhein, wobei interaktive Stationen die Besucher auf eine Reise durch die Jahrtausende führen.

Museum für Stadtgeschichte
Münsterplatz 30
Telefon (07 61) 2 01-25 15
Das Museum präsentiert im barocken Wentzingerhaus die Geschichte der Stadt. Vom Handel und Gewerbe, der Universität und den Klöstern, von den Anfängen Freiburgs bis in die Barockzeit ist alles zu sehen. Modelle der Stadt um 1600 und um 1700, Ansichten und Pläne zeigen die bauliche Entwicklung Freiburgs bis in die Gegenwart. Ein Glanzstück des Museums ist das große Münstermodell, in dem die Bautechnik der Gotik dargestellt wird.

Kleines Stuckmuseum
Liebigstraße 11
Telefon (07 61) 50 05 55
www.stuckmuseum.de
Alte Originale und Abgüsse von Stuckarbeiten. Ein Eldorado für Stuckfans.
Mittwoch bis Freitag 13 bis 18 Uhr.

Kunstraum Alexander Bürkle
Robert-Bunsen-Straße 5
Telefon (07 61) 5 10 66 06
www.kunstraum-alexander-buerkle.de
In Zähringen kann man auf fast 1000 Quadratmetern die zeitgenössische Kunst der Ege Kunst- und Kulturstiftung bewundern. Das Sammlungskonzept beinhaltet Malerei, Plastik und Zeichnung genauso wie Fotografie und Video. Je nach Bedarf werden öffentliche oder private Führungen angeboten.
Dienstag bis Sonntag 11 bis 17 Uhr.

MUSIK, KONZERTE

Klassisch
Alle wichtigen aktuellen Informationen zu Terminen und Konzertorten:
http://bz-ticket.de/konzerte

Viele große Konzerte finden im Konzerthaus statt:

Konzerthaus Freiburg
Konrad-Adenauer-Platz 1
www.konzerthaus-freiburg.de

Kirchenmusik
Im Münster gibt es viele Konzerte mit den Domsingknaben, der Mädchenkantorei, dem Domchor, der Kantorenschola usw.
Die aktuellen Infos findet man unter *www.freiburger-dommusik.de*

Konzerte in anderen Kirchen findet man auf den Internetseiten der jeweiligen Kirchengemeinden.

Rock, Pop, Jazz

Alle wichtigen aktuellen Infos mit Terminen und Konzertorten:
http://bz-ticket.de/konzerte

NIGHTLIFE – BARS, KNEIPEN, PUBS

■ **Cohibar**

Innenstadt

Cohibar
Milchstraße 9
Die Cocktailbar mit dem Namen der teuersten Zigarre Kubas liegt direkt hinter der Universitätsbibliothek. Hier trifft sich vor allem studentisches Publikum. Die Raucherbar ist oft überfüllt.

Colombi Piano Bar
Rotteckring 16, im Hotel Colombi
Exklusive Bar mit Live-Pianomusik, im Winter am Kaminfeuer.

SKAJO Bar, Restaurant
Kaiser-Joseph-Straße 192
www.skajo.de
Faszinierende Aussichtsbar und Restaurant mitten in der City. Von der Dachterrasse des angesagten Lokals mit tollem Rundumblick liegt einem die ganz Stadt zu Füßen und unter

den gläsernen Dachschrägen im Innenraum darunter werden Cocktails und mediterrane Speisen serviert.

Hemingway
Eisenbahnstraße 54
www.hemingway-freiburg.de
Koloniale Atmosphäre im Hotel Victoria am Colombipark. Gemütliche Bar mit über 100 Cocktails und speziellen Tee- und Rumsorten. Im Gewölbekeller Smokers-Lounge.

Café Atlantik
Schwabentorring 7
www.cafe-atlantik.de
Nahe der Innenstadt. Hier finden regelmäßig Konzerte statt. Statt Mainstream-Bands spielen hier Garage-Rockbands und Indie-Perlen. In der Musikkneipe gibt es durchgehend warme Gerichte. Preisgünstig und große Portionen.

O'Kellys
Milchstraße 1
Weiterer irischer Pub mit der typischen »rustikal-gemütlichen« Holzvertäfelung. Wie in anderen Pubs gibt's auch hier verschiedene Event- und Quizabende. Gute hausgemachte Burger.

■ **Bummel in der Augustinergasse**

■ **Aussichtsparadies Skajo Bar**

Westlich der Innenstadt

Babeuf
Egonstraße 16
Zwanglose und gemütliche Kult-Kneipe, gute Musik und einfache Gerichte.

MIRABEAU café bar
Guntramstraße 13
Feine Cocktails und leckerer Kuchen, schöner Außenbereich.

Beat Bar Butzemann
Eschholzstraße 38
Urige kleine Raucherkneipe mit Tischkickern und lockerer Atmosphäre.

Mudom-Bar
Engelbergerstraße 41 H
Kellerbar im Stühlinger Wohnheim von und für Studenten mit gemütlicher Atmosphäre und jeder Menge Studi-Flair. Gute und günstige Cocktails, flauschige Sofa-Lounge und beliebte Partys. Studi-Ausweis nicht vergessen!

Südlich der Innenstadt, Wiehre

Café Swamp
Talstraße 90
Anfang der 1990er-Jahre erblickte hier in den Räumen einer ehemaligen Bäckerei durch den inzwischen fast legendären Carmelo »Chico« Policic-chio das Swamp das Licht der Welt. Carmelo veranstaltet nur Konzerte von Bands, die er selbst mag, und so bekommt man im winzigen Swamp feinsten Pop, Post-Punk, Country, Folk, Anti-Folk und Beat geboten. Am Wochenende ist die verrauchte

■ **Irish Pub in der Milchstraße**

Informationen von A bis Z

Kultkneipe völlig überfüllt und der Sauerstoffgehalt wird etwas dünn. Kein Ort für Fans von frischer Luft.

Henry's Bar
Talstraße 56
www.henrysbar.de
Unweit des Swamp gelegen, geht es hier etwas ruhiger zu. In der kleinen Bar mit gemütlichem Ambiente gibt es eine große Auswahl an Cocktails. Ruhige und gepflegte Atmosphäre.

DISKOTHEKEN, CLUBS

Agar
Löwenstraße 8
www.agar-disco.de
Die einstige Bhagwan-Disco beim Martinstor mit großer Tanzfläche und hellen Räumen bietet ein breites Spektrum an Musik: Classic, Blackic, Oldies und House. Jeden Donnerstag gibt es hier freien Eintritt für Studies.

Crash
Schnewlinstraße 7
www.crash-musikkeller.de
Von Punk über Hardcore und Gothic bis Big Beat und Jungle. Dunkler, lauter Musikkeller mit freiem Eintritt. Auch Live-Bands. Für

Nachtschwärmer, die eher auf härtere Musik stehen.

Drifters Club
Schnewlinstraße 7
www.drifters-club.de
Zwar im gleichen Haus wie das Crash, aber mit anderem musikalischem Schwerpunkt: hier läuft Funk, House und Electro. Aparte Lounge, Raucherbereich.

EL.PI
Schiffstraße 16
www.elpi-freiburg.de
Alternative Studenten-Location im Keller, in der Musik von Indie über Rock, Punkrock, Postpunk, Ska, Emo bis Pop aufgelegt wird. Themenparties.

Jazzhaus
Schnewlinstraße 1
www.jazzhaus.de
Musikalisches im urigen Kellergewölbe. Konzerte und Clubnächte von Jazz bis Indie. An den Wochenenden nach den Konzerten meistens Disco.

Karma Public Livingroom
Bertoldstraße 51-53
www.karma-freiburg.de
Zentrum mit Café und Bar, Gartenterrasse und Club. In den Gewölben des »Karma« pulsiert der Sound und bringt die Luft zum Vibrieren. Teilweise finden Liveevents statt. Gespielt wird hauptsächlich Mainstream und House. Eintritt ab 21 Jahren.

Hackls Zapfbar
Franziskanerstraße 11
Après-Ski trifft auf Schlagerhütte. Das Bier wird an den Tischen selbst gezapft. Hier kommen Schlagerfans und Stimmungskanonen voll auf ihre Kosten.

■ **Drifters Club**

■ **Abfahrtspunkt Frauennachttaxi**

■ **Im 7,5-Minuten-Takt: Stadtbahnen**

ÖPNV – STADTBAHNEN UND BUSSE

Das Stadtgebiet wird von fünf Stadtbahnlinien, auch als Straßenbahnen bezeichnet, 18 Buslinien und der Schauinslandbahn erschlossen. Täglich zwischen 5.30 Uhr und 0.30 Uhr fahren die Busse und Bahnen im zuverlässigen Takt. Die Stadtbahnen verkehren tagsüber einheitlich im 7,5-Minuten-Takt. An Wochenenden und vor Feiertagen gibt es den gut ausgebauten Nachtverkehr VAG safer traffic mit Bussen, Bahnen und Taxis mit dem Frauennachttaxi. Hauptknotenpunkt aller Stadtbahnlinien, bis auf Linie 5, ist die Haltestelle Bertoldsbrunnen. Der zentrale Omnibusbahnhof mit den überregionalen Bussen befindet sich am Hauptbahnhof in der Bismarckallee. Ein wichtiger Knotenpunkt für die städtischen Buslinien befindet sich beim VAG-Zentrum an der Haltestelle Munzinger Straße (Endhaltestelle der Straßenbahnlinie 3). Wer mehrere Fahrten am Tag macht, für den lohnt sich das REGIO24-Ticket. Es ist 24 Stunden gültig und meistens günstiger, als mehrere Einzelfahrscheine zu lösen. Sie können die Karte für eine Person und vier Kinder (bis 14 Jahre) oder für fünf Personen kaufen. Für Besucher mit Übernachtungen lohnt sich der Kauf der Welcome-Karte (Drei-Tage-KombiTicket).

Im Bereich der Freiburger Verkehrs AG benötigt man den Fahrschein der Preisstufe 1.

Aktuelle Informationen über das gesamte Netz und Fahrkarten der VAG:
Besançonallee 99, 79111 Freiburg
Hotline: (07 61) 45 11-5 00
www.vag-freiburg.de

SPORT UND FREIZEIT

Bade- und Baggerseen

Großer Opfinger See
Es gibt den kleinen und den circa zwei Kilometer langen großen Opfinger Baggersee. Beide liegen von Freiburg aus Richtung Opfingen links und rechts der Straße nach der Autobahnbrücke (kleiner See links, großer rechts). Mit den Linien 32 und 33 bis zur Haltestelle Kleingärten fahren. Von dort sind es etwa 30 Minuten zu Fuß. Keine Eintrittsgebühr.

Rimsinger Baggersee

Zum Rimsinger Baggersee pilgern im Sommer Heerscharen von Badebegeisterten. Er ist bei jungem Publikum, Grill- und Partylustigen und FKK-Fans der beliebteste See. Weil noch gebaggert wird, gilt immer wieder ein offizielles Badeverbot und es gibt daher auch keine Wassersicherung. Der reichlich anfallende Müll wird auch nicht regelmäßig entfernt. Es ist also besonders mit Kindern Vorsicht geboten!

Mit der Linie 31 bis Gündlingen, dann noch etwa 20 Minuten zu Fuß. Keine Eintrittsgebühr.

Burkheimer Baggersee

Das klare Wasser ist umrandet von Sandstrand und Wiesenliegeflächen. Durch die vielen Bäume sind auch ausreichend Schattenplätze vorhanden. Der See ist mit dem Fahrrad am Rheinuferweg oder mit dem Auto erreichbar.

Tunisee

Ganz im Norden von Freiburg bei Hochdorf, am Autobahnzubringer »Nord«. Hier ist jede Menge Action wie eine Wasserski-Anlage »Wakepark« und ein »Eisberg« zum Klettern. Dieser See kostet Eintritt. Anfahrt mit dem Auto.

Flückigersee

Der See liegt im Stadtteil Betzenhausen im ehemaligen Landesgartenschaugelände »Seepark« und ist somit sehr gut erreichbar. Das Wasser hat im Hochsommer nicht immer die beste Badequalität. Es gibt einen eigenen FKK-Bereich. Der See ist gut mit

■ **Badespaß am Flückigersee**

Informationen von A bis Z

der Linie 1, Haltestelle Betzenhauser Torplatz, erreichbar.

Schwimmbäder

Allgemeine Auskünfte über die aktuellen Öffnungszeiten erhalten Sie bei der Bäderauskunft.
Telefon (07 61) 21 05-5 00
www.badeninfreiburg.de

Freibäder

Strandbad
Schwarzwaldstraße 195
Telefon (07 61) 21 05-5 60
Größtes und beliebtestes Freibad in Freiburg. 50-Meter-Schwimmer- und Nichtschwimmerbecken (insgesamt 2000 Quadratmeter, Röhrenrutsche 91 Meter, Standbar und vieles mehr).
ÖPNV: Linie 1, Haltestelle Strandbad.

Lorettobad
Lorettostraße 51a
Telefon (07 61) 21 05-5 70
Familienbad mit abgetrenntem Bereich für Frauen.
Familienbad: 25-Meter-Schwimmbecken plus Nichtschwimmerbereich.
Damenbad: 25-Meter-Schwimmbecken mit Nichtschwimmerbereich.
ÖPNV: Linie 3, Weddigenstraße; Linie 5, Haltestelle Reiterstraße.

Freibad St. Georgen
Am Mettweg 42
Telefon (07 61) 21 05-5 80
25-Meter-Schwimmerbecken zuzüglich Nichtschwimmerbereich (750 Quadratmeter).
ÖPNV: Linie 11, Haltestelle Kapellenwinkel.

Hallenbäder

Faulerbad
Faulerstraße 3
Telefon (07 61) 21 05-5 30
25-Meterr-Schwimmerbecken, 27 Grad Celsius Wassertemperatur, 12,5-Meter-Nichtschwimmerbecken, Sauna etc.
ÖPNV: Linie 11, Haltestelle Faulerstraße.

Hallenbad Haslach
Carl-Kistner-Straße 67
Telefon (07 61) 21 05-5 20
25-Meter-Schwimmerbecken, 28 Grad Celsius Wassertemperatur, 12,5-Meter-Nichtschwimmerbecken, 30 Grad Celsius Wassertemperatur, Sprungtürme (Höhe 1 Meter, 3 Meter und 5 Meter).
ÖPNV: Linie 5, Haltestelle Haslach Bad.

Hallenbad Hochdorf
Hochdorfer Straße 16b,
Telefon (07 61) 21 05-5 50
25-Meter-Schwimmerbecken, 29 Grad Celsius, sieben Meter lange Kinderrutsche.
ÖPNV: Linie 36, Haltestellte Vorstadt.

Hallenbad Lehen
Lindenstraße 4
Telefon (07 61) 21 05-5 40
16,67-Meter-Schwimmbecken, 29 Grad Celsius.
ÖPNV: Linie 19, 31, 32, Haltestelle Kirchbergstraße.

Westbad
Ensisheimer Straße 9
Telefon (07 61) 2 01-23 50
50-Meter-Schwimmerbecken, 26,5 Grad Celsius Wassertemperatur,

16,6-Meter-Nichtschwimmerbecken und Sprungtürme (Höhe 1 Meter, 3 Meter, 5 Meter, 7,5 Meter und 10 Meter), 29 Grad Wassertemperatur. ÖPNV: Linie 10, Haltestelle Falkenbergstraße.

Mineral- und Thermalbad

Keidel-Bad
An den Heilquellen 4
(bei der Autobahnausfahrt Süd)
Telefon (07 61) 21 05-8 50
www.keidelbad.de
Das Wellnessbad südwestlich von Freiburg bietet fünf verschiedene Becken im Innen- und Außenbereich mit Wassertemperaturen zwischen 28 und 41 Grad Celsius sowie eine größere Saunalandschaft.

STADTFÜHRUNGEN

Freiburger Kultour
Telefon (01 76) 61 26 66 75
www.freiburg-kultour.com
Offizieller Partner der Stadt Freiburg. Stadtführungen, Münsterführungen und Erlebnistouren mit Freiburger Originalen. Die Touren können auch für Gruppen und eigene Feste arrangiert werden.

FREIBURGerLEBEN
Telefon (07 61) 50 37 33 32
www.freiburgerleben.com
Klassische Stadtführungen, Flying Dinner, Krimi- oder kulinarische Touren; die Führungen sind lebendig und mit Engagement.

Freiburg Living History
Telefon (01 73) 4 04 56 66
www.freiburg-living-history.de

An 365 Tagen im Jahr werden hier die Touren von Schauspielern begleitet. Ob die Tour »Wanderhure« oder »Die Jüdin«, jede Tour ist ein Erlebnis. Bei »Stadtkrimi« ermittelt man in Teams, um verworrene Fälle zu lösen.

Freiburg aktiv
Telefon (07 61) 2 02 34 26
www.freiburg-aktiv.de
Hier kann man die Stadt auf dem Rad, zu Fuß, mit der Stadtbahn oder auf dem Segway erleben.

Historix-Tours GbR
Telefon (01 79) 1 16 07 22
www.historix-tours.de
Stadt-, Event- und Gruselführungen mit professionellen Schauspielern, täglich, ohne Anmeldung. Themen drehen sich beispielsweise um Verbrechen, Hexenverfolgungen und Morde im mittelalterlichen Freiburg und werden effektvoll vorgetragen.

Innovation Academy e.V.
Telefon (07 61) 4 00 44 81
www.innovation-academy.de
Solar- und Umweltführungen, Exkursionen.

Travestie City Tour by Betty BBQ
Franziskanerstraße 11 (Meetingpoint)
Vorbestellung:
Telefon (07 61) 4 96 88 88
Mit viel Witz, Charme und Schallala führt die Schwarzwald-Drag-Queen Betty BBQ höchstpersönlich durch die City.

TAXIS

Taxistände gibt es am Hauptbahnhof und an zentralen Plätzen.
Taxi-Ruf Freiburg
Telefon (07 61) 55 55 55

Frauennachttaxi
Infos unter www.safer-traffic.de
Telefon (07 61) 2 01-17 00

RolliTaxi Freiburg
Taxidienst für Rollstuhlfahrer
Fahrdienst Wespiser
Telefon (07 61) 7 07 08 88
www.rollstuhltaxifreiburg.de

THEATER & BÜHNEN

Theater Freiburg, Städtische Bühnen
Bertoldstraße 46
Information und Reservierung:
Telefon (07 61) 2 01 28 53
www.theater.freiburg.de
Alles unter einem Dach: Großes Haus,
Kleines Haus und Kammerbühne. Auf
vier Bühnen bietet das Stadttheater
Musiktheater, Schauspiel und Ballett.

Imposant ist auch die Architektur des
nach dem Krieg wiederaufgebauten
und kürzlich gründlich sanierten
Jugendstilgebäudes.

Theater im Marienbad
Marienstraße 4
Telefon (07 61) 3 14 70
www.marienbad.org
Freiburger Kinder- und Jugendtheater
in einem ehemaligen Jugendstil-
Hallenbad. Die Erwachsenen zählen
zu den größten Fans.

Alemannische Bühne Freiburg e. V.
Gerberau 15
Telefon (07 61) 3 57 82
www.alemannische-buehne.de
1924 von in Freiburg lebenden Elsäs-
sern gegründet, musste das Mund-
arttheater ab Ende 1941 die Arbeiten
ruhen lassen. 1950 wurde dann

■ **Stadttheater Freiburg**

■ Eingang Kleines Haus

Informationen von A bis Z